家で編みもの

あったか雑貨とホームウェア

Contents

カーディガン

ガーター編みのカーディガンは
前後どちらでも着られるデザイン。
家ではもちろん、冬のお出かけにも。

Design__サイチカ
Yarn__ハマナカ ソノモノ アルパカウール《並太》
How to make__p.**33**

リブソックス

2色の糸を引きそろえて編んだ、
リブ編みのソックス。厚手だから、
冷たいフローリングの床だって大丈夫。

Design＿＿風工房
Yarn＿＿ハマナカ アメリーエフ《合太》
How to make＿＿p.36

湯たんぽカバー

冷え込んだ夜は、お布団に湯たんぽ。
ネイビー×白で編んだ、
幾何学模様の編み込みがかわいい。

Design＿木下あゆみ
Yarn＿ハマナカ エクシードウール L《並太》
How to make＿p.**38**

ヘアバンド

バスケット模様の編み地なので
程よい厚みがあります。
ニットのヘアバンドなら、
長時間つけていても痛くならない。

Design＿青木恵理子
Yarn＿ハマナカ エクシードウール L《並太》
How to make＿p.**37**

はらまき

薄手で巻き心地がいい、
毛糸のはらまき。
編み込み模様は、伸縮性が
悪くならないように柄を工夫しました。

Design＿木下あゆみ
Yarn＿ハマナカ アメリー
How to make＿p.**40**

ハンガーカバー

市販の木製ハンガーにカバーをかけておめかし。
クローゼットにこんなハンガーがあれば、
洋服選びも楽しくなりそう。

Design __ marshell
Yarn __ ハマナカ アメリーエフ《合太》
How to make __ p.42

10

ティッシュカバー

お部屋になじむ、
ナチュラルカラーのティッシュカバー。
ビニールタイプならそのまま、
ボックスタイプなら箱から出して入れます。

Design__ marshell
Yarn__ ハマナカ アメリー
How to make__ **p.44**

ニットパンツ＆レッグウォーマー

やわらかく肌触りのいい糸で編んだ
大人の女性のためのパンツとレッグウォーマー。
しめつけ感がないので、家でリラックスして
過ごすときにもおすすめです。

Design＿宇野千尋
Yarn＿ハマナカ ソノモノ ロイヤルアルパカ
How to make＿**p.46**

エコバッグ

洗濯機で丸洗いできる、
コットン糸のエコバッグ。
使わないときは、
コンパクトにたためるのもうれしい。

Design __ marshell
Yarn __ ハマナカ ウオッシュコットン《クロッシェ》
How to make __ p.48

14

カップスリーブ & ティーコゼー

カップやポットに巻いて、飲みものをあたたかく保温。
バブルステッチの 3 色の組み合わせに
センスが光ります。

Design＿＿かんのなおみ
Yarn＿＿ハマナカ アメリー
How to make＿＿p.**50**

透かし模様のソックス

レーシーな模様とはき口のフリルが
かわいさ満点のソックス。
パンツやデニムの足元から、
ちらりとのぞかせたい。

Design__ 風工房
Yarn__ ハマナカ ソノモノ《合太》
How to make__ p.**41**

ガンジーセーター

ガンジーセーターは、元々イギリスの
漁師さんが着ていたもの。
薄手で動きやすいので、
家でも心地よく過ごせます。

Design__ 風工房
Yarn__ ハマナカ ソノモノ アルパカウール《並太》
How to make__ p.52

ルームシューズ

超極太糸で編んだ、
真っ赤なスリッパ型ルームシューズ。
甲を編んで、市販のフェルト底と
一緒にはぎ合わせます。

Design＿青木恵理子
Yarn＿ハマナカ オフコース！ビッグ
How to make＿p.**54**

モチーフ編みのざぶとん

シックな色合いが素敵な、
六角形の花モチーフのざぶとん。
ひんやり冷たい椅子の座面を
あたためてくれます。

Design__橋本真由子
Yarn__ハマナカ ボニー
How to make__p.**56**

ルームソックス

くつ下の上に重ねてはく、アンクル丈の極厚ソックス。
かかと側についた小さなボンボンがアクセントです。

Design＿青木恵理子
Yarn＿ハマナカ エクシードウールL《並太》
How to make＿**p.55**

ティーコゼー

かわいいうえに保温効果も抜群の、
ニットのティーコゼー。
トップのボンボンは赤やグリーンなど
ポイントになる色を選んで。

Design__木下あゆみ
Yarn__ハマナカ ソノモノ アルパカウール《並太》
ハマナカ アメリー
How to make__p.**58**

ブランケット

四角モチーフを編みつなげた、
オフホワイトのブランケット。
冬のおうち時間は、
こんなブランケットにくるまれて
過ごしたい。

Design＿遠藤ひろみ
Yarn＿ハマナカ ソノモノ《合太》
How to make＿p.60

22

ヘアターバン

中央で編み地をクロスさせた、
おしゃれなヘアターバン。
伸びかけの髪をさっとまとめても、様になります。

Design＿宇野千尋
Yarn＿ハマナカ ソノモノ ツィード
How to make＿p.42

クッションカバー

お部屋のクッションも
ニットのカバーに衣替え。
ワッフルのような編み地がおしゃれで、
インテリアになじみます。

Design＿＿かんのなおみ
Making＿＿菅野葉月
Yarn＿＿ハマナカ アランツィード
How to make＿＿**p.62**

リーフ模様のざぶとん

編み地を 2 枚仕立てにしているので、
ふかふかして座り心地も抜群。
2 枚を違う色で編めば、リバーシブルに使えます。

Design＿橋本真由子
Yarn＿ハマナカ ボニー
How to make＿p.**64**

マルチカバー

小さな丸モチーフをつなぎ合わせた、
愛らしいカバー。
バスケットの目隠しなど、
多目的に使えます。

Design＿遠藤ひろみ
Yarn＿ハマナカ アメリーエフ《合太》
How to make＿p.**66**

ラグランカーディガン

軽くて着心地のよい、ラグランスリーブのカーディガン。
丈は少し長め、サイドには動きやすいように
スリットを入れました。

Design＿＿風工房
Yarn＿＿ハマナカ ソノモノ アルパカリリー
How to make＿＿p.68

くまのあみぐるみ

裏メリヤス編みで編んだ、
白とこげ茶の2匹のくま。
首にはボーダーのマフラーを巻きました。

Design＿ミドリノクマ
Yarn＿ハマナカ メンズクラブマスター、ハマナカ アメリー、
ハマナカ アメリーエフ《合太》
How to make＿**p.72**

Yarn この本で使用した糸

糸をかえるとゲージがかわってしまうため、指定の糸で編むことをおすすめします。
適合針は、作品の編み地やデザインによって異なる場合があります。

アメリー
素材／ウール(ニュージーランド
メリノ)70%、アクリル30%
仕立て／40g玉巻(糸長約110m)
太さ／並太
適合針／棒針6～7号、
かぎ針5/0～6/0号

オフコース！ビッグ
素材／アクリル50％、
ウール30％、アルパカ20％
仕立て／50g玉巻(糸長約44m)
太さ／超極太
適合針／棒針15号～8mm、
かぎ針8mm

ソノモノ ロイヤルアルパカ
素材／アルパカ(ロイヤルベビー
アルパカ使用)100％
仕立て／25g玉巻(糸長約105m)
太さ／並太
適合針／棒針7～8号、
かぎ針6/0号

アメリーエフ《合太》
素材／ウール(ニュージーランド
メリノ)70%、アクリル30%
仕立て／30g玉巻(糸長約130m)
太さ／合太
適合針／棒針4～5号、かぎ針4/0号

ソノモノ《合太》
素材／ウール100%
仕立て／40g玉巻(糸長約120m)
太さ／合太
適合針／棒針4～5号、
かぎ針4/0号

メンズクラブマスター
素材／ウール(防縮加工ウール
使用)60%、アクリル40％
仕立て／50g玉巻(糸長約75m)
太さ／極太
適合針／棒針10～12号

アランツィード
素材／ウール90%、アルパカ10％
仕立て／40g玉巻(糸長約82m)
太さ／並太
適合針／棒針8～10号、
かぎ針8/0号

ソノモノ アルパカウール《並太》
素材／ウール60%、アルパカ40%
仕立て／40g玉巻(糸長約92m)
太さ／並太
適合針／棒針6～8号、
かぎ針6/0号

ハマナカ ボニー
素材／アクリル100％
仕立て／50g玉巻(糸長約60m)
太さ／極太
適合針／かぎ針7.5/0号

ウオッシュコットン《クロッシェ》
素材／コットン64%、
ポリエステル36％
仕立て／25g玉巻(糸長約104m)
太さ／中細
適合針／かぎ針3/0号

ソノモノ アルパカリリー
素材／ウール80%、アルパカ20%
仕立て／40g玉巻(糸長約120m)
太さ／太
適合針／棒針8～10号、
かぎ針8/0号

エクシードウールL《並太》
素材／ウール(エクストラファイン
メリノ使用)100％
仕立て／40g玉巻(糸長約80m)
太さ／並太
適合針／棒針6～8号、かぎ針5/0号

ソノモノ ツィード
素材／ウール53%、アルパカ40%、
その他(キャメル及びヤク使用)7%
仕立て／40g玉巻(糸長約110m)
太さ／並太
適合針／棒針5～6号、かぎ針5/0号

すべてハマナカ株式会社の糸です。
材料の表記は、2021年9月現在のものです。

カーディガン

p.4

《用意するもの》
糸　ハマナカ ソノモノ アルパカウール《並太》
（40g玉巻）茶色（63）…510g
針　ハマナカ アミアミ 7号80cm輪針
《ゲージ》　ガーター編み
19目、38段＝10cm角
《サイズ》　後ろ幅52cm　着丈55cm
ゆき62.5cm

《編み方》　糸は1本どりで編みます。
1　前後身ごろは続けて一般的な作り目で220
目作り目し、ガーター編みで輪針を使って往復
に106段編み、目を休めておきます。
2　そでも一般的な作り目で62目作り目し、
ガーター編みで編み、目を休めておきます。
3　身ごろとそでの合印をメリヤスはぎし、前
後身ごろ、そでから拾い目してヨークを図のよ
うに減らしながら編み、伏せ止めます。
4　そで下をすくいとじします。

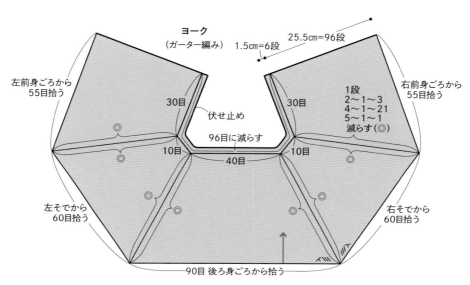

ヨーク
（ガーター編み）

25.5cm=96段
1.5cm=6段

左前身ごろから
55目拾う

右前身ごろから
55目拾う

30目　30目

1段
2〜1〜3
4〜1〜21
5〜1〜1
減らす（◎）

伏せ止め
96目に減らす

10目　40目　10目

左そでから
60目拾う

右そでから
60目拾う

90目 後ろ身ごろから拾う

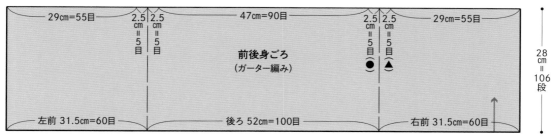

29cm=55目　　2.5cm=5目　2.5cm=5目　　47cm=90目　　2.5cm=5目　2.5cm=5目　　29cm=55目

前後身ごろ
（ガーター編み）

●　　▲

28cm=106段

左前31.5cm=60目　　後ろ52cm=100目　　右前31.5cm=60目

115cm=220目作り目

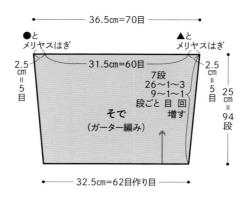

36.5cm=70目

●と
メリヤスはぎ

▲と
メリヤスはぎ

2.5cm=5目　　31.5cm=60目　　2.5cm=5目

7段
26〜1〜3
9〜1〜1
段ごと 目 回
　　　増す

そで
（ガーター編み）

25cm=94段

32.5cm=62目作り目

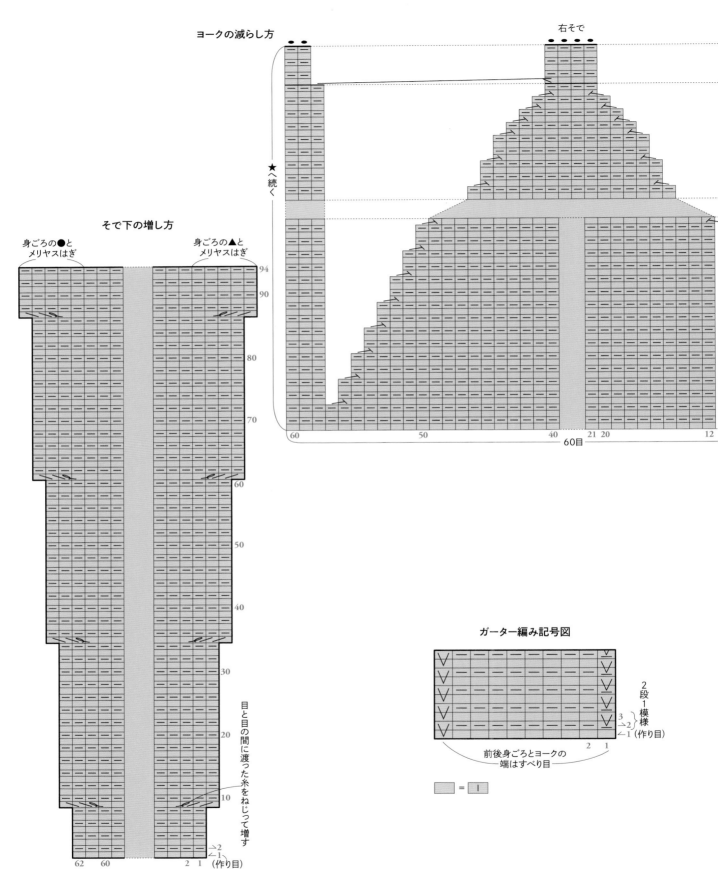

ヨークの減らし方

右そで

★へ続く

そで下の増し方

身ごろの●と
メリヤスはぎ

身ごろの▲と
メリヤスはぎ

目と目の間に渡った糸をねじって増す

94
90
80
70
60
50
40
30
20
10

62　60　　　　2　1　（作り目）
→2
←1

60目　　　　50　　　　40　　21 20　　　　12
60目

ガーター編み記号図

2段1模様

3
→2
←1　（作り目）

2　1

前後身ごろとヨークの
端はすべり目

□ = | 1

34

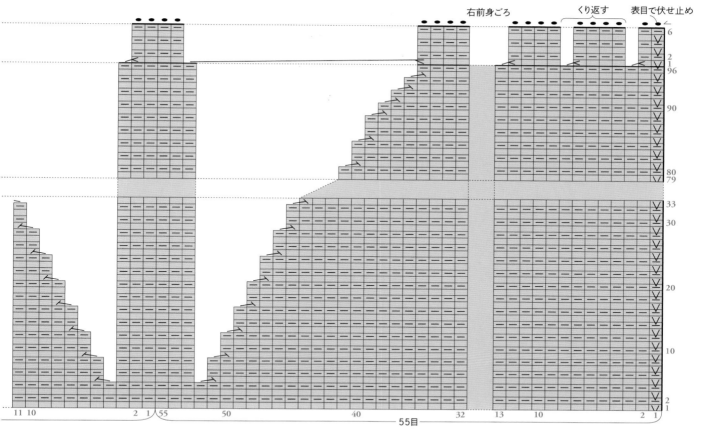

右前身ごろ　　くり返す　　表目で伏せ止め

左前身ごろ　　　　　　　　　後ろ身ごろ

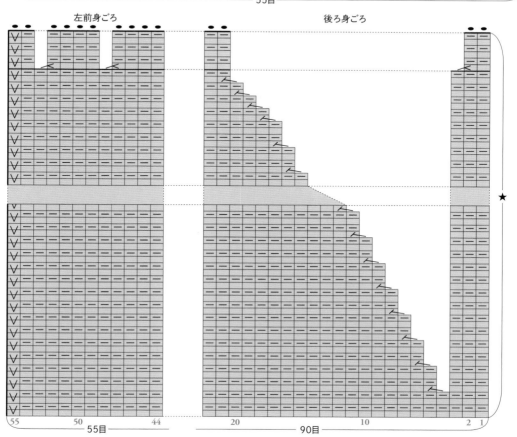

リブソックス

p.6

《用意するもの》

糸　ハマナカ アメリーエフ《合太》(30g 玉巻)
ラベンダーブルー(513)…65g
ナチュラルホワイト(501)…50g
針　ハマナカアミアミ 5 号くつした針

《ゲージ》　2 目ゴム編み（伸ばし気味に測る）
24 目、27 段＝ 10 ㎝角

《サイズ》　22 ㎝

《編み方》　糸は指定の色の2本どりで編みます。

1　一般的な作り目で 48 目作り目して輪にし、足首を 2 目ゴム編みで 66 段編みます。

2　続けて甲側は 2 目ゴム編み、底側はメリヤス編みで編みますが、かかとの拾い目位置には別糸を編み込んでおきます（P.77 参照）。

3　つま先をメリヤス編みで図のように減らしながら編み、残った目をメリヤスはぎします。

4　別糸を抜いて拾い目し、かかとをメリヤス編みで図のように減らしながら編み、残った目をメリヤスはぎします。

5　同じものをもう 1 枚編みます。

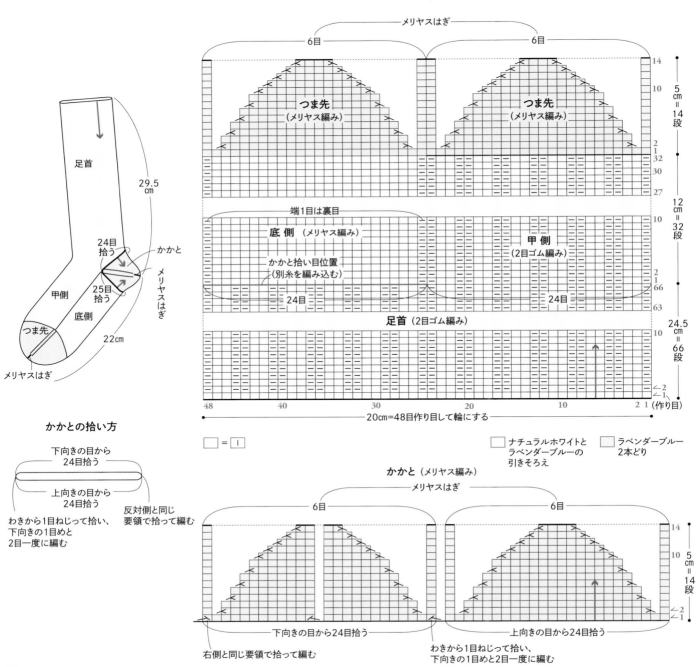

かかとの拾い方

下向きの目から
24目拾う

上向きの目から
24目拾う

わきから1目ねじって拾い、
下向きの1目と
2目一度に編む

反対側と同じ
要領で拾って編む

□ = Ｉ

□ ナチュラルホワイトと
ラベンダーブルーの
引きそろえ

□ ラベンダーブルー
2本どり

かかと（メリヤス編み）

メリヤスはぎ

6目　　　　6目

下向きの目から24目拾う

右側と同じ要領で拾って編む

上向きの目から24目拾う

わきから1目ねじって拾い、
下向きの1目と2目一度に編む

ヘアバンド

p.8

《用意するもの》
糸　ハマナカ エクシードウール L《並太》
（40g玉巻）ネイビー（325）… 35g
針　ハマナカアミアミ7号玉付2本棒針
《ゲージ》　模様編み　24目＝7cm
31段＝10cm
《サイズ》　頭まわり44cm　幅7cm

《編み方》　糸は1本どりで編みます。
1　一般的な作り目で24目作り目し、模様編みで136段編み、伏せ止めます。
2　最終段と作り目をメリヤスはぎします。

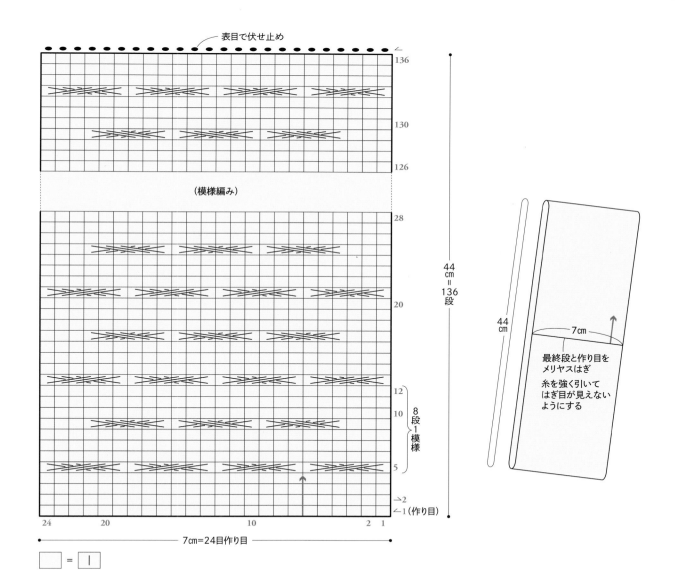

表目で伏せ止め

（模様編み）

8段1模様

→2
←1（作り目）

7cm＝24目作り目

□ ＝ |

44cm＝136段

44cm

7cm

最終段と作り目をメリヤスはぎ

糸を強く引いてはぎ目が見えないようにする

湯たんぽカバー

p.7

《用意するもの》
糸 ハマナカ エクシードウール L《並太》
(40g玉巻)ネイビー(325)…75g
オフホワイト(301)…25g
針 ハマナカアミアミ 6号特長4本棒針
《ゲージ》
メリヤス編み 21目＝10cm 10段＝3.5cm
メリヤス編みの編み込み模様 21目、24段＝
10cm角
《サイズ》 周囲40cm 丈約35.5cm
※塩化ビニル樹脂製の約19cm×32cmの湯た
んぽを使用

《編み方》糸は1本どりで、指定の色で編みます。
1 一般的な作り目で56目作り目して輪にし、
メリヤス編みで図のように増しながら編みます。
2 続けてメリヤス編みの編み込み模様で38
段編みます。
3 メリヤス編みで減らしながら編みます。
4 2目ゴム編みを40段編み、ゆるめに伏せ止
めます。
5 作り目をメリヤスはぎします。

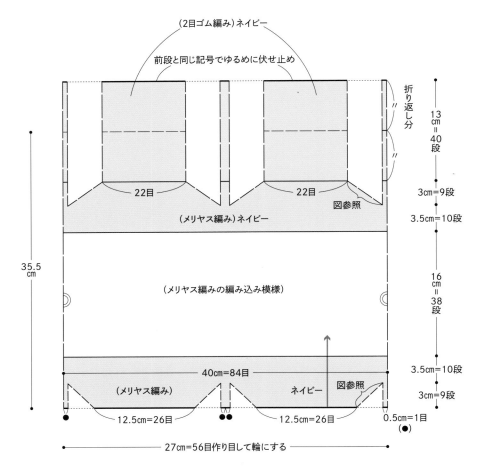

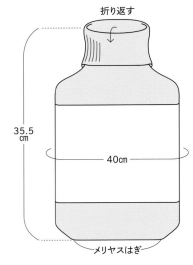

カバーは取りはずし可能。お湯を抜い
た状態で、湯たんぽを折って取り出し
ます。

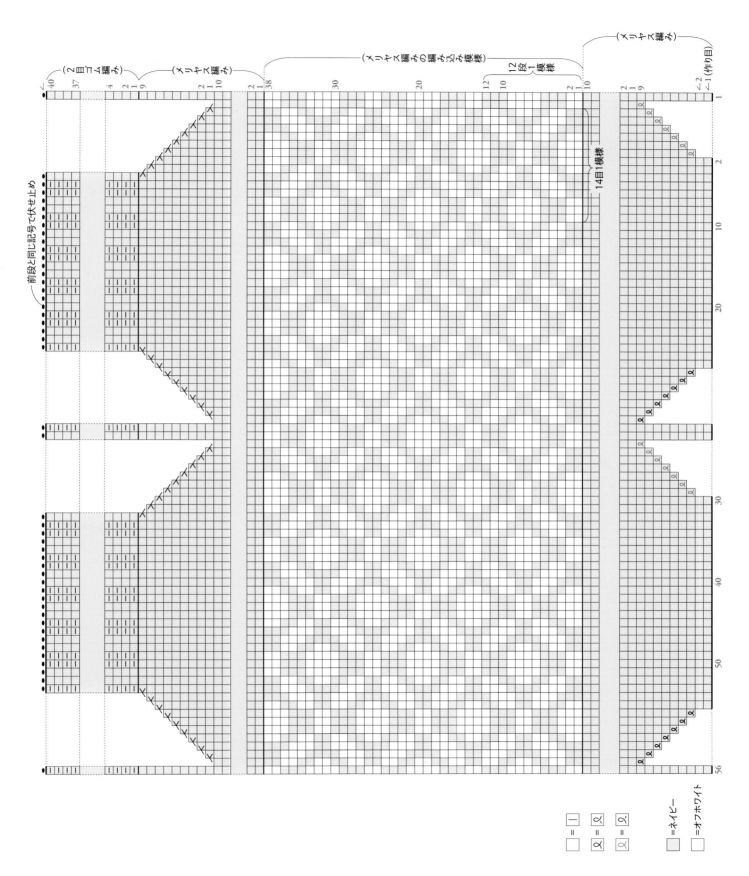

39

はらまき

p.9

《用意するもの》
糸　ハマナカ アメリー（40g玉巻）
ナチュラルホワイト（20）…50g
ネイビーブルー（17）…40g
針　ハマナカアミアミ6号特長4本棒針
《ゲージ》　メリヤス編みの編み込み模様
22目、25段＝10cm角
《サイズ》　周囲73cm　丈25cm

《編み方》　糸は1本どりで編みます。
1　一般的な作り目で160目作り目して輪にし、2目ゴム編みで8段編みます。
2　続けてメリヤス編みの編み込み模様で51段編みます。
3　さらに2目ゴム編みを6段編み、ゆるめに伏せ止めます。

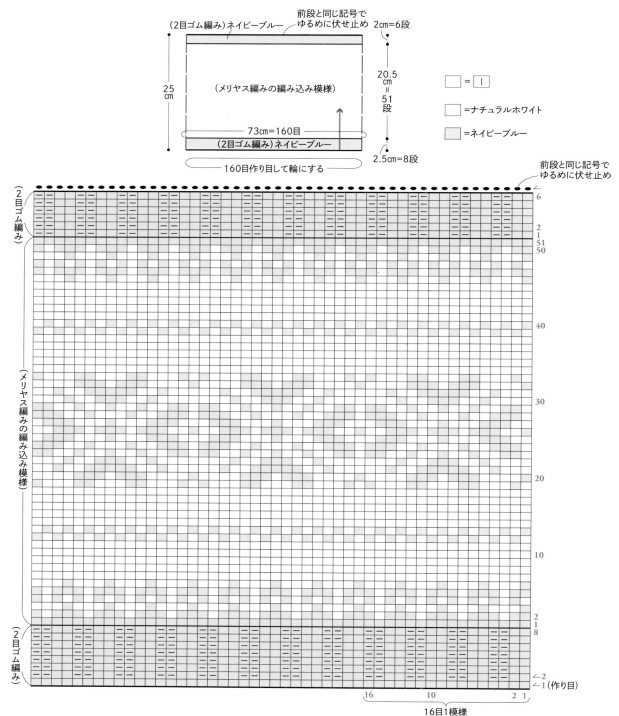

40

透かし模様のソックス

p.16

《用意するもの》

糸　ハマナカ ソノモノ《合太》(40g 玉巻)
オフホワイト(1)…75g

針　ハマナカアミアミ 4 号くつした針

《ゲージ》　模様編み B(伸ばし気味に測る)
24 目、30 段 = 10cm 角

《サイズ》　23.5cm

《編み方》　糸は 1 本どりで編みます。

1　一般的な作り目で 48 目作り目して輪にし、足首を模様編み A で 10 段、B で 56 段編みます。

2　続けて甲側は模様編み B、底側はメリヤス編みで編みますが、かかとの拾い目位置には別糸を編み込んでおきます(P.77 参照)。

3　つま先をメリヤス編みで図のように減らしながら編み、残った目をメリヤスはぎします。

4　別糸を抜いて拾い目し、かかとをメリヤス編みで図のように減らしながら編み、残った目をメリヤスはぎします。

5　足首の模様編み A を裏に二つ折りにしてまつります。

6　同じものをもう 1 枚編みます。

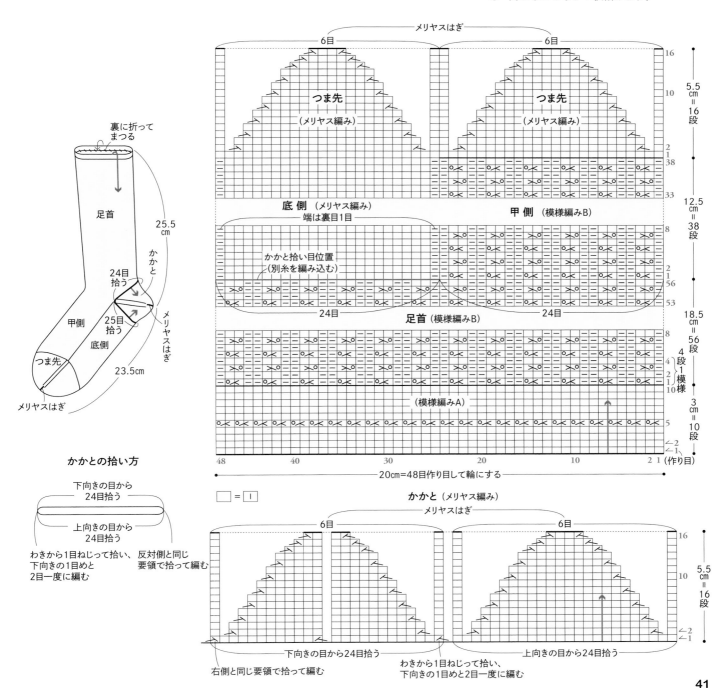

かかとの拾い方

下向きの目から
24 目拾う

上向きの目から
24 目拾う

わきから 1 目ねじって拾い、反対側と同じ要領で拾って編む　下向きの 1 目めと 2 目一度に編む

ハンガーカバー

p.10

《用意するもの》

糸　ハマナカ アメリーエフ《合太》(30g玉巻)
左：ライトブルー(512)…25g
右：ナチュラルホワイト(501)…25g
針　ハマナカアミアミ両かぎ針ラクラク4/0号
《ゲージ》　模様編み　1模様＝6cm
7段＝5.5cm
《サイズ》　幅42cm　丈5.5cm

《編み方》　糸は1本どりで編みます。

1　くさり197目作り目し、模様編みで7段編みます。

2　両端を突き合わせにし、かがって輪にします。

3　とじ目が後ろにくるようにたたみ、フック通し口を残して巻きかがりではぎます。

84cm＝くさり197目(14模様＋1目)作り目

5.5cm＝7段

模様編み

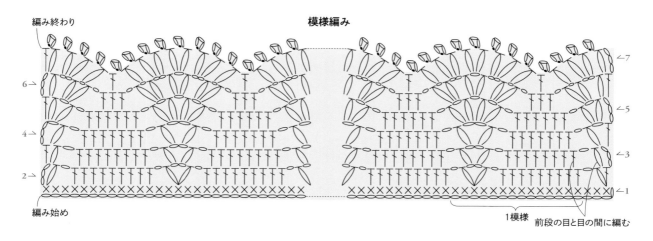

編み終わり
編み始め
1模様
前段の目と目の間に編む

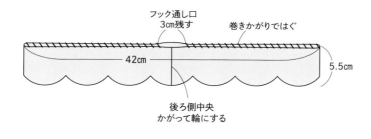

フック通し口
3cm残す
巻きかがりではぐ
42cm
5.5cm
後ろ側中央
かがって輪にする

巻きかがりはぎ　※編み地は作品と異なります

編み地を外表に合わせ、1目ずつすくっていく

ヘアターバン

p.24

《用意するもの》

糸　ハマナカ ソノモノ ツィード(40g玉巻)
　　生成り(71)…40g
針　ハマナカアミアミ6号短5本棒針
《ゲージ》　模様編み　22目、25段＝10cm角
《サイズ》　頭まわり47cm　最大幅11cm

《編み方》　糸は1本どりで編みます。

1　一般的な作り目で22目作り目して輪にし、ねじり1目ゴム編みで18段編みます。

2　続けて48目に増しながら、模様編みで41段編み、伏せ止めます。

3　作り目から拾い目し、同様に反対側を編みます。

4　一方の合印を巻きかがりではぎ、反対側の編み終わりを穴に通してから合印をはぎ合わせます。

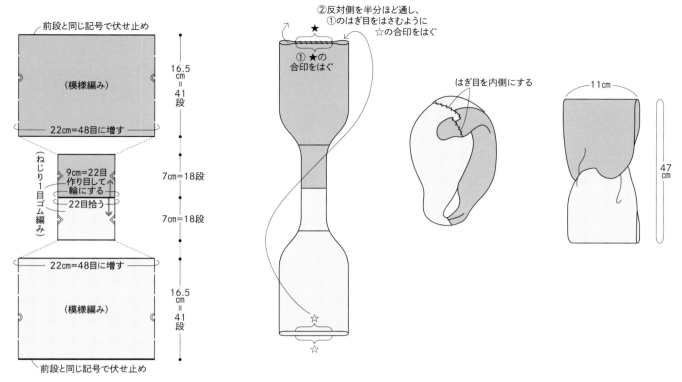

前段と同じ記号で伏せ止め

(模様編み)

16.5
cm
=
41
段

22cm=48目に増す

（ねじり1目ゴム編み）

9cm=22目
作り目して
輪にする

22目拾う

7cm=18段

7cm=18段

22cm=48目に増す

(模様編み)

16.5
cm
=
41
段

前段と同じ記号で伏せ止め

②反対側を半分ほど通し、
①のはぎ目をはさむように
☆の合印をはぐ

① ★の
合印をはぐ

はぎ目を内側にする

11cm

47
cm

ねじり1目ゴム編みと模様編み
※反対側も同様に編む

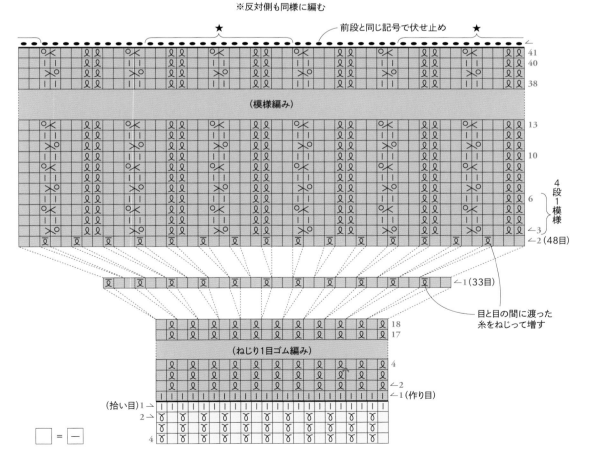

前段と同じ記号で伏せ止め

（模様編み）

4
段
1
模様

←2(48目)

←3

←1(33目)

目と目の間に渡った
糸をねじって増す

（ねじり1目ゴム編み）

←1(作り目)

←2

(拾い目)1

□ = −

ティッシュカバー

p.11

《用意するもの》

糸　ハマナカ アメリー(40g玉巻)

オートミール(40)…40g

針　ハマナカアミアミ6号、5号玉付2本棒針

その他　直径2cmのボタン1個

《ゲージ》　模様編み　2模様(16目)=6cm

24段=10cm

《サイズ》　幅14cm　丈23cm

《編み方》　糸は1本どりで、つり手以外は6号針で編みます。

1　本体は一般的な作り目で54目作り目し、ガーター編みを編みます。

2　ガーター編みの6段めで80目に増し、模様編みと1目ゴム編みで46段編みます。

3　54目に減らしてガーター編みを編みますが、3段めでボタン穴をあけ、編み終わりは伏せ止めます。

4　重なり分を重ねて上下を6cmずつとじ合わせます。底を返し縫いでとじます。

5　つり手は5号針で一般的な作り目をし、1目ゴム編みで48段編んで伏せ止めます。

6　つり手を本体の内側に縫いつけ、ボタンをつけます。

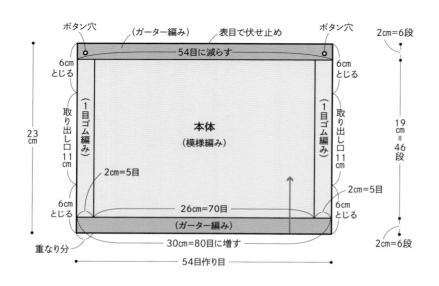

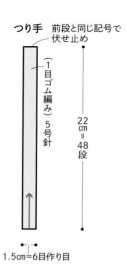

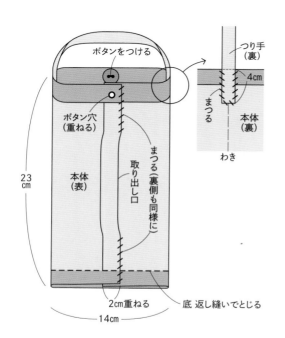

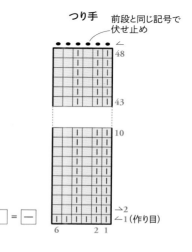

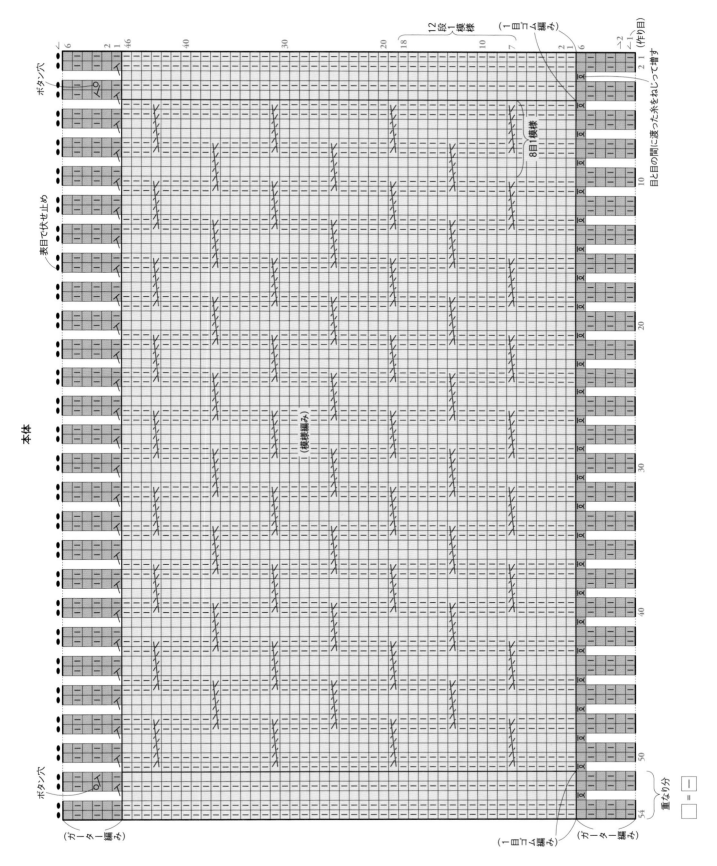

本体

45

ニットパンツ＆レッグウォーマー

p.12

ニットパンツ

《用意するもの》

糸　ハマナカ ソノモノ ロイヤルアルパカ（25ｇ玉巻）ライトグレー（144）…Ｍ175ｇ…Ｌ190ｇ

針　ハマナカアミアミ７号特長４本棒針、両かぎ針ラクラク6/0号

その他　幅2.5cmのゴムベルト Ｍ66cm Ｌ68cm

《ゲージ》 裏メリヤス編み　25目、35段＝10cm角

《サイズ》

Ｍ ウエスト64cm　ヒップ96cm　丈39.5cm

Ｌ ウエスト66cm　ヒップ103cm　丈40.5cm

《編み方》 糸は１本どりで、ひも以外は７号針で編みます。

1 一般的な作り目で作り目して輪にし、ウエストベルトを１目ゴム編みで25段編みます。

2 続けて前後パンツを裏メリヤス編みと模様編みで編みます。

3 まちの増し目をしながら26段編み、前パンツ側にまちを22段編みます。

4 まちの合印を裏メリヤスはぎし、左右それぞれ拾い目して輪にし、裏メリヤス編みと模様編みを編みます。１目ゴム編みとメリヤス編みを編んで伏せ止めます。

5 ゴムベルトを２cm重ねて輪に縫い、ウエストベルトにはさんでまつります。

6 ひもをスレッドコードで編み、ウエストベルトの表側から目を広げて通し、ひも先をひと結びします。

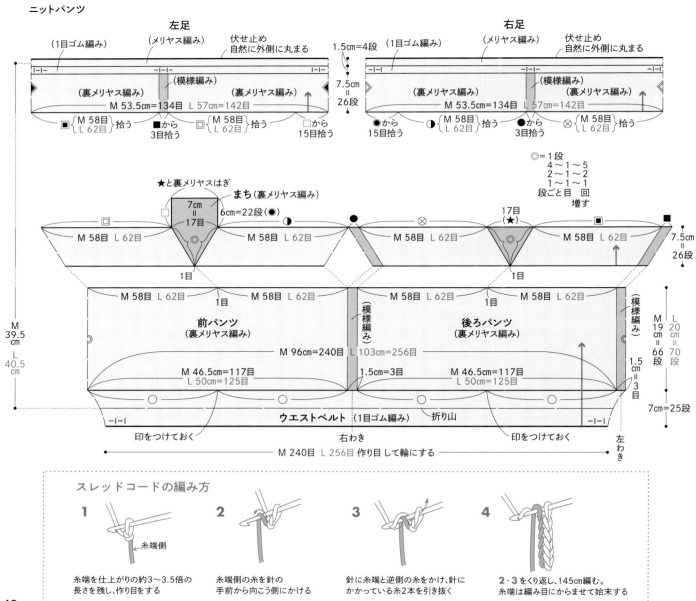

ニットパンツ

スレッドコードの編み方

1 糸端を仕上がりの約3〜3.5倍の長さを残し、作り目をする

2 糸端側の糸を針の手前から向こう側にかける

3 針に糸端と逆側の糸をかけ、針にかかっている糸2本を引き抜く

4 2・3をくり返し、145cm編む。糸端は編み目にからませて始末する

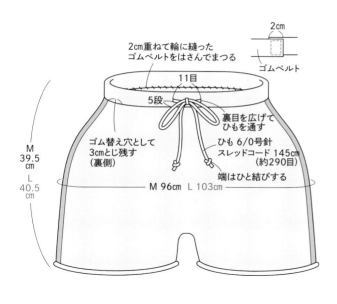

2cm

2cm重ねて輪に縫った
ゴムベルトをはさんでまつる

ゴムベルト

11目

5段

裏目を広げて
ひもを通す

ゴム替え穴として
3cmとじ残す
（裏側）

ひも 6/0号針
スレッドコード 145cm
（約290目）

端はひと結びする

M
39.5
cm

L
40.5
cm

M 96cm L 103cm

まちの増し方

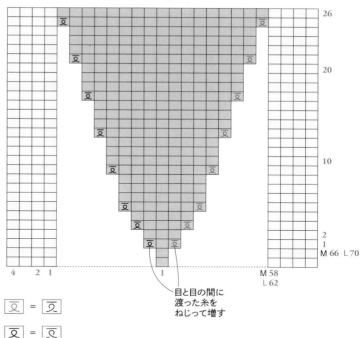

目と目の間に
渡った糸を
ねじって増す

$\boxed{\underline{Q}}$ = $\boxed{\underline{Q}}$

$\boxed{\overline{Q}}$ = $\boxed{\overline{Q}}$

模様編み

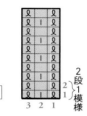

$\boxed{}$ = $\boxed{-}$

2
段
1

2
1

模様

3 2 1

レッグウォーマー

《用意するもの》

糸　ハマナカ ソノモノ ロイヤルアルパカ
（25g玉巻）ライトグレー（144）…80g

針　ハマナカアミアミ7号短5本棒針

《ゲージ》　裏メリヤス編み　25目、35段＝
10cm角

《サイズ》　筒まわり26cm　丈38.5cm

《編み方》　糸は1本どりで編みます。

1　一般的な作り目で64目作り目して輪にし、
1目ゴム編みで17段編みます。

2　続けて裏メリヤス編みと模様編みで110
段編みます。

3　さらに1目ゴム編みとメリヤス編みを編
み、伏せ止めます。

4　同じものをもう1枚編みます。

レッグウォーマー

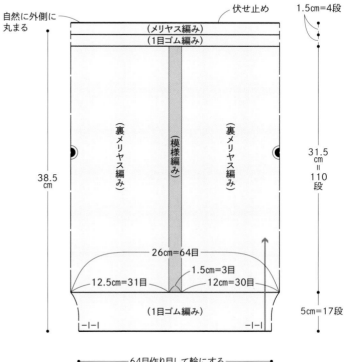

自然に外側に
丸くなる

伏せ止め

1.5cm=4段

（メリヤス編み）

（1目ゴム編み）

38.5
cm

（裏メリヤス編み）

（模様編み）

（裏メリヤス編み）

31.5
cm
＝
110
段

26cm=64目

1.5cm=3目

12.5cm=31目

12cm=30目

（1目ゴム編み）

5cm=17段

64目作り目して輪にする

47

エコバッグ

《用意するもの》

糸　ハマナカ ウオッシュコットン《クロッシェ》（25g玉巻）エメラルドグリーン（142）…140g

針　ハマナカアミアミ両かぎ針ラクラク6/0号

その他　直径2cmのボタン1個

《ゲージ》　ネット編み　4山、8段＝10cm角

《サイズ》　図参照

《編み方》　糸は2本どりで編みます。

1　本体はくさり57目作り目し、1段めはこま編み、2段めからはネット編みで34段めまで編みます。35段めはくさり編みとこま編み、36段めはこま編みで編みます。

2　続けて正面の入れ口を拾い目し、こま編みを10段往復に編んだら、くさり72目作り目して持ち手を作ります。

3　続けて正面から7目拾い目し、サイドを本体から拾い目します。

4　3から続けて反対側の正面の入れ口を10段編み、くさり72目作り目して持ち手を作ります。

5　続けて反対側のサイドと同様に拾い目し、持ち手とサイドの入れ口を続けてこま編みでぐるぐると輪に編みます。

6　正面の入れ口の片側にボタンをつけます。

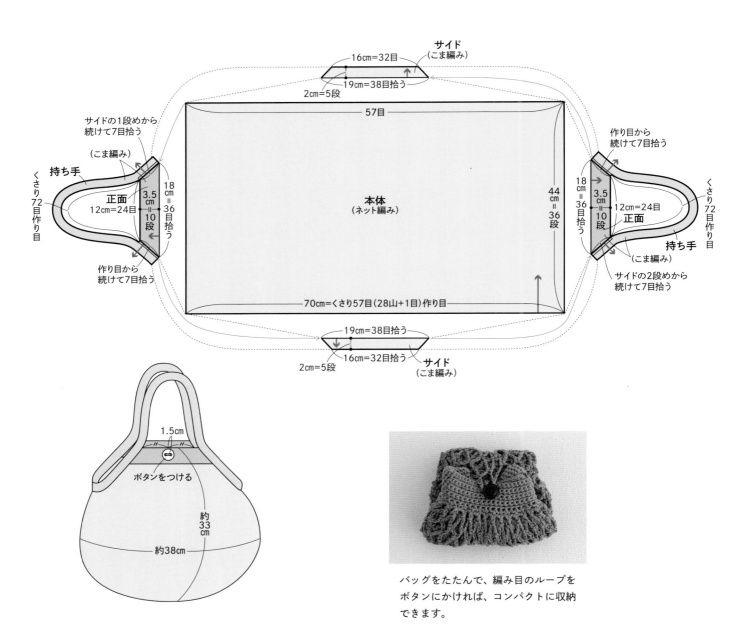

バッグをたたんで、編み目のループをボタンにかければ、コンパクトに収納できます。

郵便はがき

おそれいりますが
切手をお貼り
下さい

1 0 4 - 8 0 1 1 1

東京都中央区築地
5－3－2

株式会社
朝日新聞出版
生活・文化編集部 行

ご住所 〒 電話 （ ）		
ふりがな お名前		
ご メールアドレス		
ご職業	年齢 歳	性別 男・女

このたびは本書をご購読いただきありがとうございます。
今後の企画の参考にさせていただきますので、ご記入のうえ、ご返送下さい。
お送りいただいた方の中から抽選で毎月10名様に図書カードを差し上げます。
当選の発表は、発送をもってかえさせていただきます。

愛読者カード

お買い求めの本の書名

お買い求めになった動機は何ですか？（複数回答可）

1. タイトルにひかれて　2. デザインが気に入ったから
3. 内容が良さそうだから　4. 人にすすめられて
5. 新聞・雑誌の広告で（掲載紙誌名
6. その他（

表紙　1. 良い　2. ふつう　3. 良くない
定価　1. 安い　2. ふつう　3. 高い

最近関心を持っていること、お読みになりたい本は？

本書に対するご意見・ご感想をお聞かせください

ご感想を広告等、書籍のPRに使わせていただいてもよろしいですか

1. 実名で可　2. 匿名で可　3. 不可

ご協力ありがとうございました。
尚、ご提供いただきました情報は、個人情報を含まない統計的な資料の作成等に使用します。その他の利用について詳しくは、当社ホームページ
https://publications.asahi.com/company/privacy/ をご覧下さい。

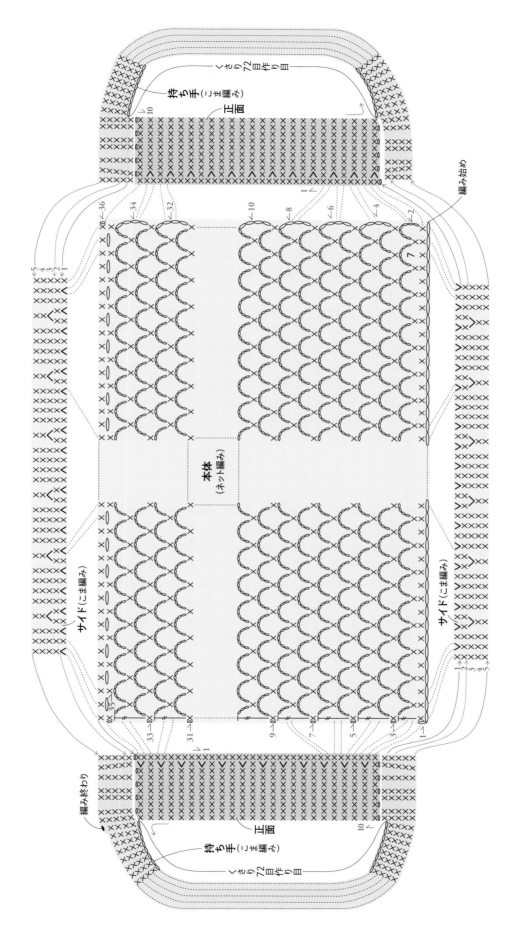

持ち手（こま編み）

正面

くさり72目作り目

←10

編み始め

←36

←34

←32

←10

←8

←6

←4

←2

7

本体
（ネット編み）

サイド（こま編み）

サイド（こま編み）

←5
←4
←3
←2
←1

編み終わり

33→
31→

9→
7→
5→
3→
1→

1→
2→
3→
4→
5→

持ち手（こま編み）

正面

←10

くさり72目作り目

∧＝ こま編み2目一度

カップスリーブ &
ティーコゼー

p.15

《用意するもの》

糸 ハマナカ アメリー（40g玉巻）

カップスリーブ：ベージュ（21）、セラドン（37）
各7g、スプリンググリーン（33）…4g

ティーコゼー：スプリンググリーン（33）12g
ベージュ（21）、セラドン（37）…各7g

針 ハマナカアミアミ6号、4号短5本棒針

その他 **ティーコゼー**：直径1.5cmのボタン1個

《ゲージ》 模様編み 18目＝10cm 30段＝
7.5cm

《サイズ》 **カップスリーブ**：周囲26cm 丈7cm

ティーコゼー：周囲34cm 丈11.5cm

《編み方》糸は1本どりで、指定の色で編みます。

カップスリーブ

1 一般的な作り目で47目作り目して輪にし、
ガーター編みで8段編みます。

2 続けて模様編みで往復に18段編みます。

3 ガーター編みで輪に5段編み、裏目で伏せ
止めます。

ティーコゼー

1 一般的な作り目で62目作り目して輪にし、
ガーター編みで10段編みます。

2 半分に分け、それぞれ模様編みで往復に30
段編みます。

3 分けて編んだ部分から拾い目し、さらに巻
き目で6目増してガーター編みで往復に9段編
みますが、指定の位置にボタン穴をあけます。編
み終わりは裏側から表目で伏せ止めます。

4 ボタンをつけます。

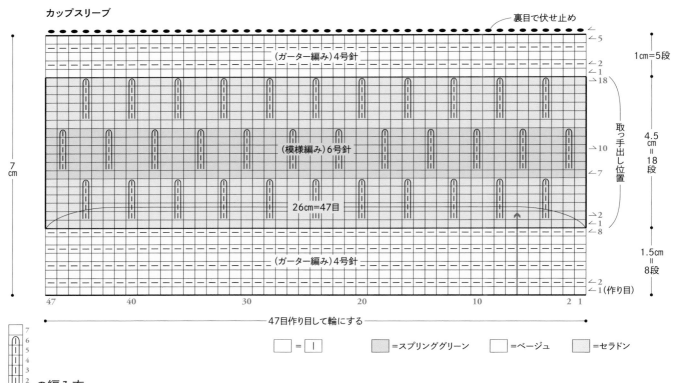

カップスリーブ

裏目で伏せ止め

（ガーター編み）4号針 1cm＝5段

→18

（模様編み）6号針 →10 取っ手出し位置 4.5cm＝18段

26cm＝47目 →7

→2
→1
←8

（ガーター編み）4号針 1.5cm＝8段

←2
←1（作り目）

47 40 30 20 10 2 1

←47目作り目して輪にする→

7cm

□ ＝ | ＝スプリンググリーン ＝ベージュ ＝セラドン

の編み方

1 1～6段めはメリヤス編みで編み、7
段めで2段め（5段下の目）に針を入
れる。

2 2～6段めの糸をほどいて引き上げ、
全部一緒に表目を編む。

3 表目を編んだところ。

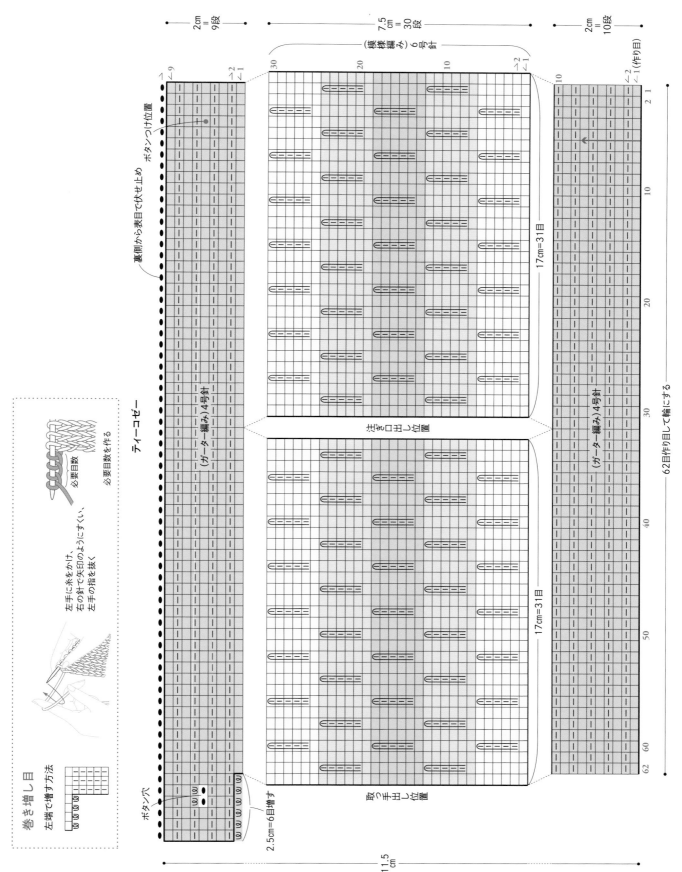

ガンジーセーター

p.17

《用意するもの》
糸　ハマナカ ソノモノ アルパカウール《並太》
(40g玉巻)オフホワイト(61)…430g
針　ハマナカアミアミ6号玉付2本棒針
両かぎ針ラクラク4/0号
《ゲージ》
メリヤス編み　21.5目、29段＝10cm角
模様編みA　21.5目＝10cm　15段＝5cm
模様編みB　21.5目＝10cm　16段＝4.5cm
模様編みC　21.5目、31段＝10cm角
《サイズ》　胸囲105cm　着丈54cm　ゆき60cm

《編み方》　糸は1本どりで、指定以外は6号針
で編みます。

1　前後身ごろはそれぞれ一般的な作り目で
113目作り目し、ガーター編み、メリヤス編み、
模様編みA〜Cで編み、目を休めます。

2　そでも同様に作り目し、ガーター編み、メリ
ヤス編み、模様編みAで編み、目を休めます。

3　肩をかぶせ引き抜きはぎし、続けてえりぐ
りを伏せ止めます。反対側も同様にします。

4　そでを目と段のはぎでつけます。

5　わきのスリットあき止まりからそで下を続
けてすくいとじします。

そでの増し方

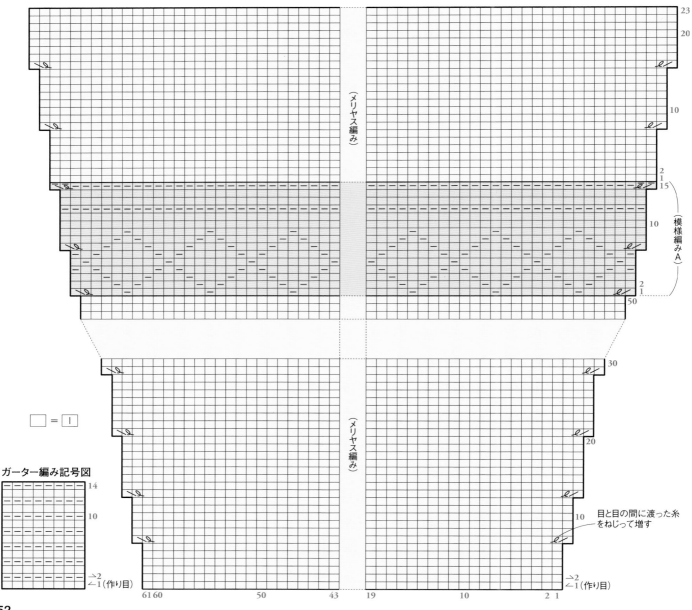

□ = │

ガーター編み記号図

目と目の間に渡った糸
をねじって増す

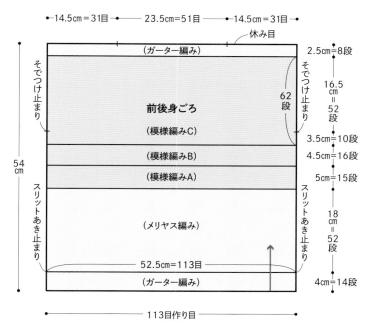

前後身ごろ

←14.5cm＝31目→ ←23.5cm＝51目→ ←14.5cm＝31目→

休み目

（ガーター編み）

そでつけ止まり　　　そでつけ止まり

62段

（模様編みC）

2.5cm＝8段

16.5cm＝52段

3.5cm＝10段

（模様編みB）

4.5cm＝16段

（模様編みA）

5cm＝15段

54cm

スリットあき止まり　　スリットあき止まり

（メリヤス編み）

18cm＝52段

52.5cm＝113目

（ガーター編み）

4cm＝14段

113目作り目

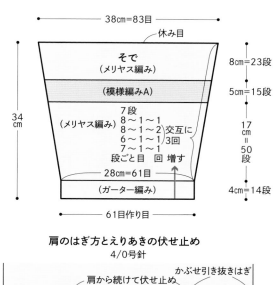

←38cm＝83目→

休み目

そで
（メリヤス編み）

8cm＝23段

（模様編みA）

5cm＝15段

（メリヤス編み）

7段
8〜1〜1
8〜1〜2 交互に
6〜1〜1 3回
7〜1〜1
段ごと目　回　増す

34cm

17cm＝50段

28cm＝61目

（ガーター編み）

4cm＝14段

61目作り目

肩のはぎ方とえりあきの伏せ止め
4/0号針

肩から続けて伏せ止め　かぶせ引き抜きはぎ

肩から続けて伏せ止め

かぶせ引き抜きはぎ　裏側を見て表目で伏せ止め

模様編みA〜C 記号図

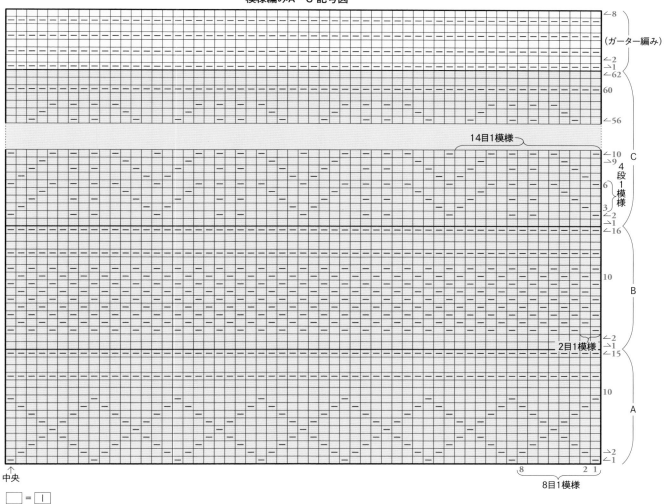

（ガーター編み）

←8
←2
←1
←62
60
←56

14目1模様

←10
←9
6
←3
←2
←1
←16

C
4段1模様

10

B

2目1模様

←2
←1
←15

10

A

←2
←1

8　2 1

8目1模様

↑中央

□＝ |

53

ルームシューズ

p.18

《用意するもの》
糸　ハマナカ オフコース！ビッグ(50g玉巻)
赤(112)…75g
針　ハマナカアミアミ両かぎ針ラクラク
8/0号、6/0号
その他　ハマナカ 室内履き用フェルト底
(H204-594)1組
《ゲージ》　こま編み(8/0号針)12.5目、
11段＝10cm角
《サイズ》　図参照

《編み方》　糸は1本どりで、指定以外は8/0
号針で編みます。
1　フェルト底の裏側から、70穴に1目ずつこ
ま編みを編み入れます。
2　甲はくさり26目作り目し、こま編みで図の
ように編み、糸を切ります。
3　はき口を残してまわりに縁編みを編みます。
4　続けてフェルト底と甲を重ね、引き抜き編
みでとじ合わせます。
5　同じものをもう1枚編みます。

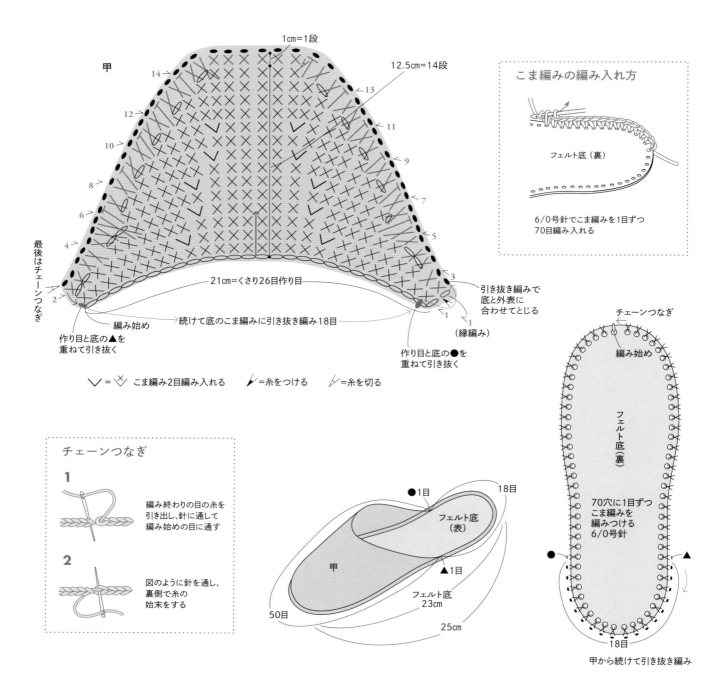

ルームソックス

p.20

《用意するもの》
糸　ハマナカ エクシードウールL《並太》
（40g玉巻）赤（335）… 90g
オフホワイト（301）… 40g
針　ハマナカアミアミ 10号短5本棒針
《ゲージ》　メリヤス編み　15.5目、21段＝
10cm角
《サイズ》　23cm
《編み方》　糸は指定の色の2本どりで編みます。

1　一般的な作り目で44目作り目して輪にし、はき口を2目ゴム編みで8段編みます。
2　甲側の22目を休め、かかととをメリヤス編みで図のように増減しながら往復に編みます。
3　続けて底側をメリヤス編み、甲側を休み目から拾い目して2目ゴム編みで輪に編みます。
4　つま先を図のように減らしながらメリヤス編みで編み、残った目をメリヤスはぎします。
5　同じものをもう1枚編み、ボンボンを作って後ろ中央につけます。

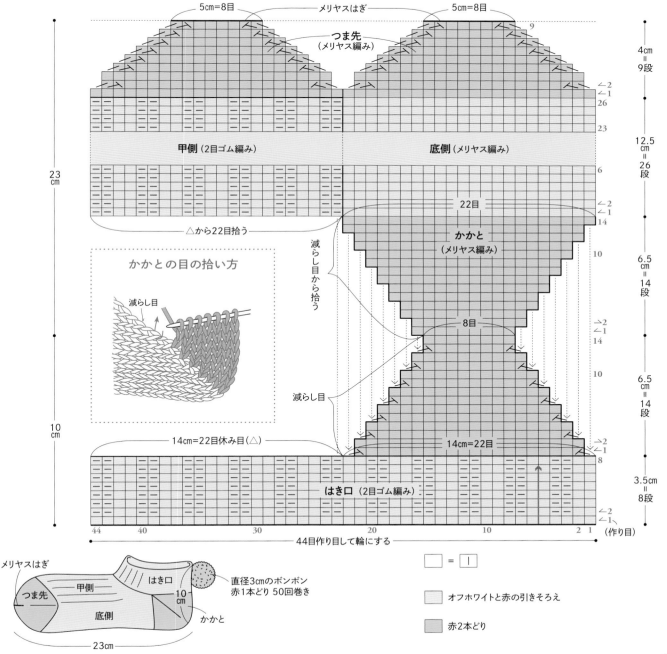

かかとの目の拾い方

減らし目

| □ | ＝ | | |

オフホワイトと赤の引きそろえ

赤2本どり

モチーフ編みの ざぶとん

p.19

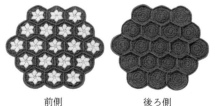

前側　　　　後ろ側

《用意するもの》
糸　ハマナカ ボニー（50g玉巻）ナチュラル
ダークブラウン（615）…350g　生成り（442）
…90g
針　ハマナカアミアミ両かぎ針ラクラク
7.5/0号
《モチーフの大きさ》　一辺が5.2cmの六角形

《サイズ》　48cm × 45cm

《編み方》　糸は1本どりで、指定の配色で編み
ます。

1　前側、後ろ側のモチーフはそれぞれ糸端を
輪にし、図のように19枚ずつ編みます。

2　前側、後ろ側ともこま編みで図のようにつ
なぎます。

3　前側と後ろ側を外表に合わせ、2枚一緒に
まわりに縁編みを編みます。

（縁編み）ナチュラルダークブラウン

前側と後ろ側を外表に
合わせ2枚一緒に
編みつける

1.5cm=2段

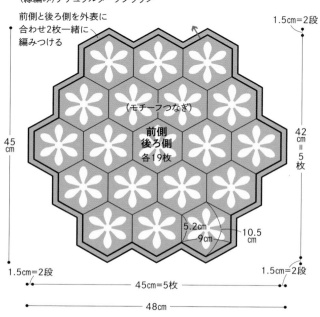

（モチーフつなぎ）

前側
後ろ側
各19枚

45cm

42cm＝5枚

5.2cm
9cm
10.5cm

1.5cm=2段
1.5cm=2段

45cm=5枚

48cm

モチーフのつなぎ方　　ナチュラルダークブラウンでつなぐ

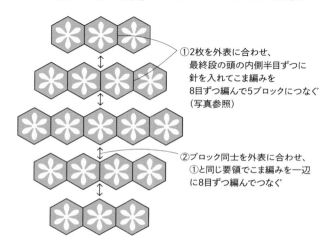

①2枚を外表に合わせ、
最終段の頭の内側半目ずつに
針を入れてこま編みを
8目ずつ編んで5ブロックにつなぐ
（写真参照）

②ブロック同士を外表に合わせ、
①と同じ要領でこま編みを一辺
に8目ずつ編んでつなぐ

モチーフ

※モチーフの編み方の
ポイントは写真参照

前側

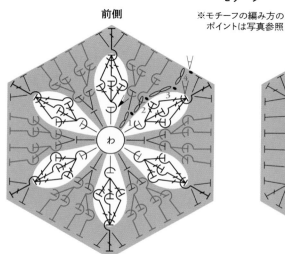

後ろ側

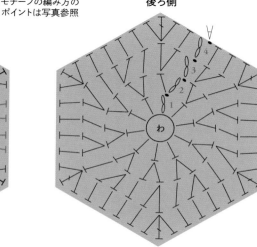

　=ナチュラルダークブラウン

　=生成り

=長編み表引き上げ編み
（P.62参照）を3目編む

=中長編み裏引き上げ編み
（P.63の長編みの裏引き上げ編みの
要領で中長編みを編む）

=中長編み裏引き上げ編みを2目編む

　=中長編み、長編みの表引き上げ編み、
中長編みを編む

=糸をつける

=糸を切る

56

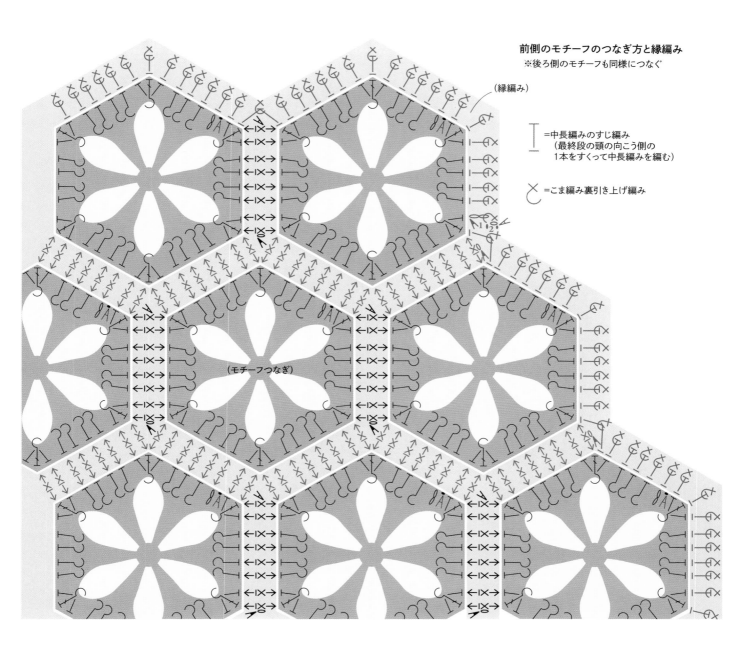

（縁編み）

＝中長編みのすじ編み
（最終段の頭の向こう側の
1本をすくって中長編みを編む）

＝こま編み裏引き上げ編み

（モチーフつなぎ）

配色糸のかえ方

色をかえるときは、前の色の最後の目を引き抜くときにかえる。

モチーフの2段めはナチュラルダークブラウンの糸で編むときに、生成りの糸を編みくるみながら編む。

モチーフのつなぎ方

モチーフをつなぐときは、最終段の頭の内側半目に針を入れてこま編みを編む（糸の色をかえています）。

ティーコゼー

p.21

《用意するもの》
糸　ハマナカ ソノモノ アルパカウール《並太》
(40g玉巻)グレー(64)…40g
ハマナカ アメリー(40g玉巻)
クリムゾンレッド(5)…5g
針　ハマナカアミアミ8号特長4本棒針
《ゲージ》　模様編み　1模様(16目)＝5.5cm
30段＝10cm
《サイズ》　周囲34cm　丈15.5cm
※2カップ用のティーポットサイズ
《編み方》　糸は1本どりで、ボンボン以外はグ
レーで編みます。

1　側面は一般的な作り目で50目作り目し、2
目ゴム編みで5段編みます。続けて模様編みで
27段編みますが、最終段は両端で1目ずつ減ら
します。

2　同じものをもう1枚編みます。

3　2枚の側面から続けて拾い目し、トップを
模様が続くように輪に編みます。最後の2段で
減らし目をし、残った24目に糸を通して絞り
ます。

4　側面の2目ゴム編みをすくいとじします。

5　クリムゾンレッドの糸でボンボンを作り、
トップにとじつけます。

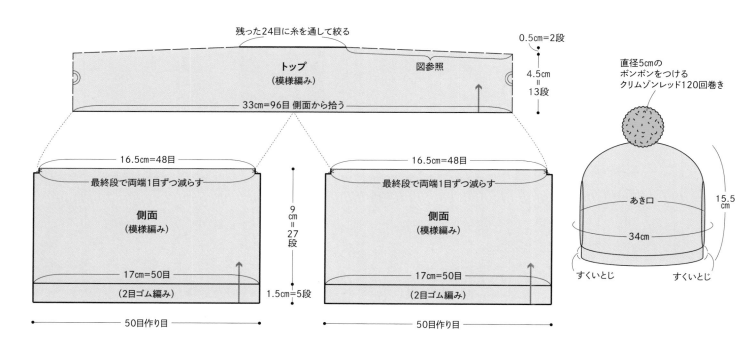

⟨|○╱ の編み方

1 3目を編まずに右針に移し（このとき1目めは向きをかえる）、左針を1目めに入れ、2目めと3目めにかぶせる。

2 かぶせたら、2目を左針に移す。

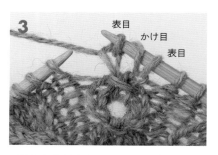

3 移した2目を表目、かけ目、表目の順に編む。

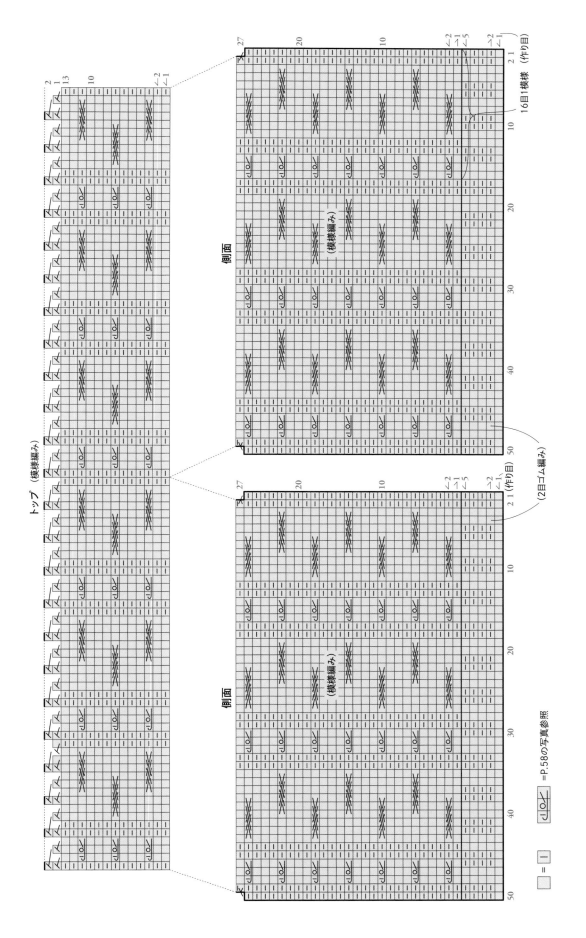

トップ（模様編み）

側面 （模様編み）

側面 （模様編み）

16目1模様

（2目ゴム編み）

=P.58の写真参照

= |

ブランケット

p.22

《用意するもの》
糸　ハマナカ ソノモノ《合太》(40g玉巻)
オフホワイト(1)…320g
針　ハマナカアミアミ両かぎ針ラクラク5/0号
《モチーフの大きさ》　10cm角
《サイズ》　64cm×104cm

《編み方》　糸は1本どりで編みます。

1　モチーフは糸端を輪にし、こま編みを8目編み入れます。2段めからは図のように編みます。

2　2枚めからは最終段でつなぎながら、60枚を図のように編みつなぎます。

3　まわりに縁編みを2段編みます。

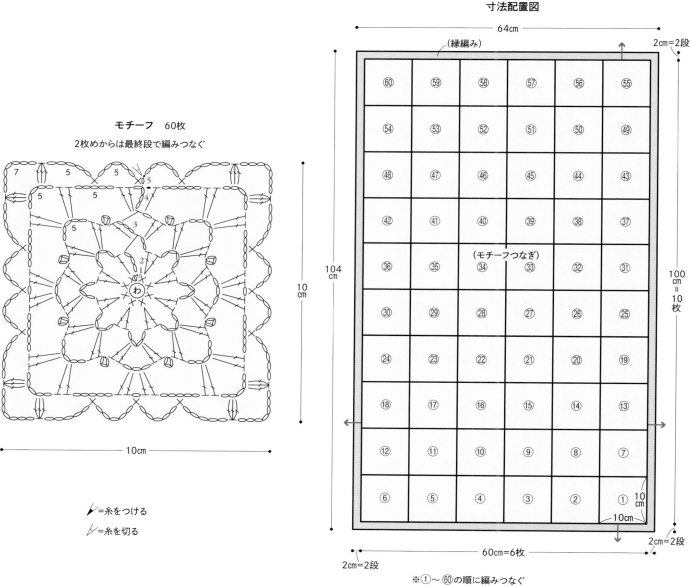

モチーフ　60枚
2枚めからは最終段で編みつなぐ

10cm

✓=糸をつける
✓=糸を切る

寸法配置図

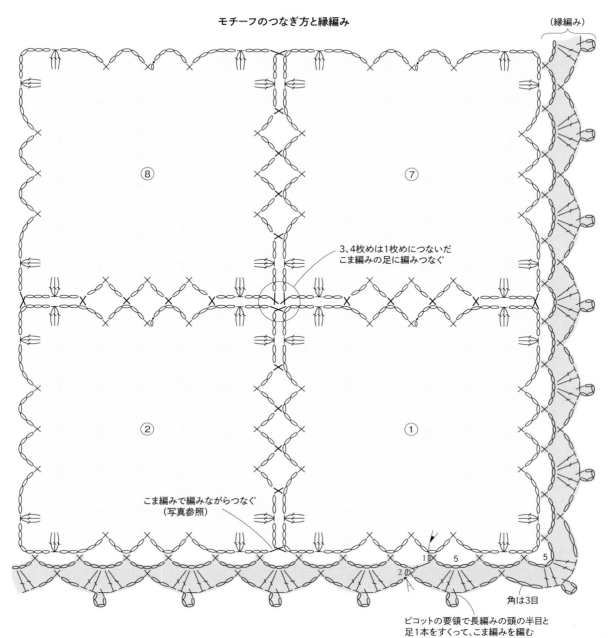

（縁編み）

3、4枚めは1枚めにつないだ
こま編みの足に編みつなぐ

こま編みで編みながらつなぐ
（写真参照）

角は3目

ピコットの要領で長編みの頭の半目と
足1本をすくって、こま編みを編む

モチーフのつなぎ方

1枚めのモチーフのくさり編みをルー
プごとすくう。

針に糸をかけて引き出す。

こま編みを少しきつめに編む。

クッションカバー

p.25

《用意するもの》
糸 ハマナカ アランツィード(40g玉巻)
生成り(1)…340g
針 ハマナカアミアミ両かぎ針ラクラク8/0号
その他 直径2cmのボタン3個
《ゲージ》 模様編み 18目、11.5段=10cm角
長編み 15目、9.5段=10cm角
《サイズ》 45cm角(縁編みを含む)

《編み方》 糸は1本どりで編みます。
1 前側はくさり77目作り目し、模様編みで49段編みます。
2 後ろ側は上下に分けてそれぞれくさり65目で作り目し、長編みで編みますが、上側にはボタン穴をあけて編みます。
3 後ろ側を向かい合わせにして2段重ね、表側と外表に合わせてまわりに縁編みを編みます。
4 ボタンをつけます。

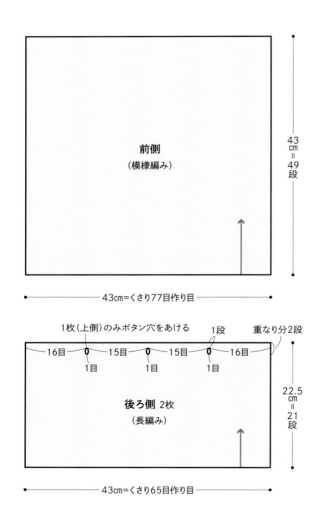

前側
(模様編み)

43cm=49段

43cm=くさり77目作り目

1枚(上側)のみボタン穴をあける　1段　重なり分2段
16目　0　15目　0　15目　0　16目
1目　1目　1目

後ろ側 2枚
(長編み)

22.5cm=21段

43cm=くさり65目作り目

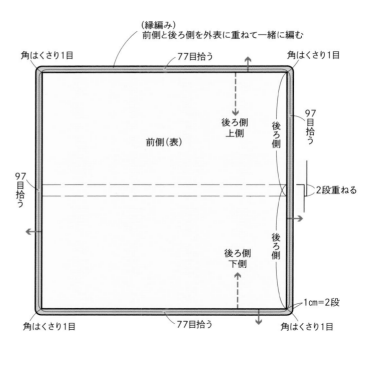

(縁編み)
前側と後ろ側を外表に重ねて一緒に編む
角はくさり1目　77目拾う　角はくさり1目
後ろ側上側
97目拾う
前側(表)
後ろ側
2段重ねる
97目拾う
後ろ側下側
後ろ側
1cm=2段
角はくさり1目　77目拾う　角はくさり1目

長編み
表引き上げ編み

1 針に糸をかけ、前段の足を矢印のようにすくう

2 針に糸をかけ、前段の目やとなりの目の糸がつれないように長めに糸を引き出す

3 長編みと同じ要領で編む

4

前側

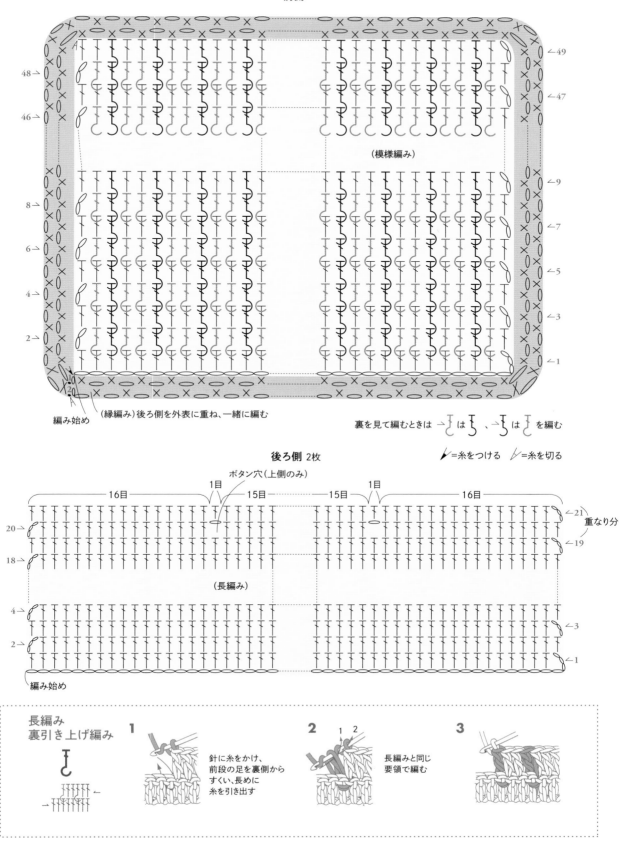

48→
46→
8→
6→
4→
2→

←49
←47
←9
←7
←5
←3
←1

（模様編み）

編み始め

（縁編み）後ろ側を外表に重ね、一緒に編む

裏を見て編むときは　↲は⌐、⌐は↲を編む

↙＝糸をつける　↙＝糸を切る

後ろ側 2枚

16目　　ボタン穴（上側のみ）　1目　　15目　　15目　　1目　　16目

20→
18→
4→
2→

←21　重なり分
←19
←3
←1

（長編み）

編み始め

長編み
裏引き上げ編み

1 針に糸をかけ、前段の足を裏側からすくい、長めに糸を引き出す

2 長編みと同じ要領で編む

3

63

リーフ模様の
ざぶとん

p.26

前側

後ろ側

《用意するもの》
糸　ハマナカ ボニー(50g玉巻)
　　グラスグリーン(602)…250g
　　ナチュラルベージュ(614)…245g
針　ハマナカアミアミ両かぎ針ラクラク7.5/0号
《ゲージ》　模様編み　9.5段＝10cm

《サイズ》　40cm角
《編み方》糸は1本どりで、指定の色で編みます。
1　後ろ側は糸端を輪にし、模様編みで18段編みます。
2　前側も糸端を輪にし、模様編みで18段編み、糸を休めます。
3　前側と後ろ側を外表に合わせ、休めておいた前側の糸で2枚一緒にまわりに縁編みを編みます。

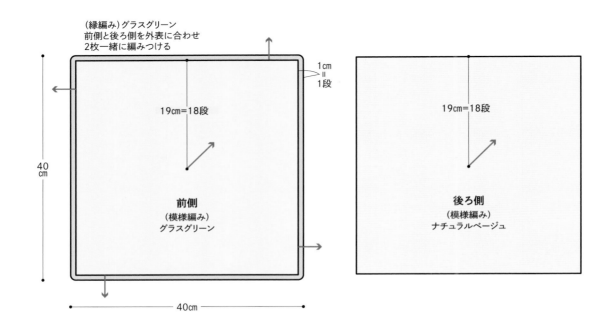

(縁編み)グラスグリーン
前側と後ろ側を外表に合わせ
2枚一緒に編みつける

1cm＝1段

19cm＝18段

40cm

前側
(模様編み)
グラスグリーン

19cm＝18段

後ろ側
(模様編み)
ナチュラルベージュ

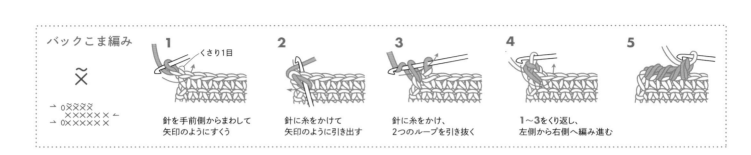

バックこま編み

1　針を手前側からまわして矢印のようにすくう　くさり1目

2　針に糸をかけて矢印のように引き出す

3　針に糸をかけ、2つのループを引き抜く

4　**1～3**をくり返し、左側から右側へ編み進む

5

前側、後ろ側の模様編みと縁編み

※わかりやすくするため、長編みの記号を青で表示しています

マルチカバー

p.27

《用意するもの》
糸　ハマナカ アメリーエフ《合太》(30g玉巻)
　　ナチュラルホワイト(501)…80g
　　マリーゴールドイエロー(503)…15g
　　ミントグリーン(517)、キャメル(520)…各10g
針　ハマナカアミアミ両かぎ針ラクラク5/0号
《モチーフの大きさ》　直径4.5cm
《サイズ》　46cm角

《編み方》　糸は1本どりで、指定の配色で編み
ます。
1　モチーフはくさり6目作り目して輪にし、
図のように編みます。
2　2枚めからは最終段でつなぎながら、100
枚を図のように編みつなぎます。
3　まわりに縁編みを1段編みます。

寸法配置図

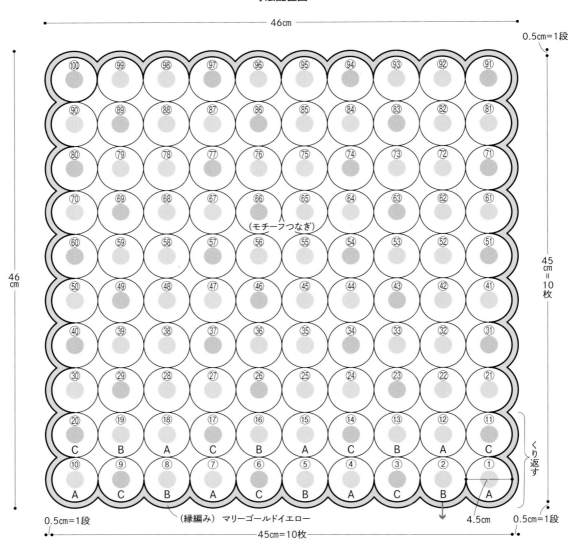

※①〜⑩⓪の順に編みつなぐ

モチーフ
2枚めからは最終段で編みつなぐ

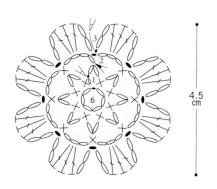

4.5
cm

モチーフのつなぎ方と縁編み

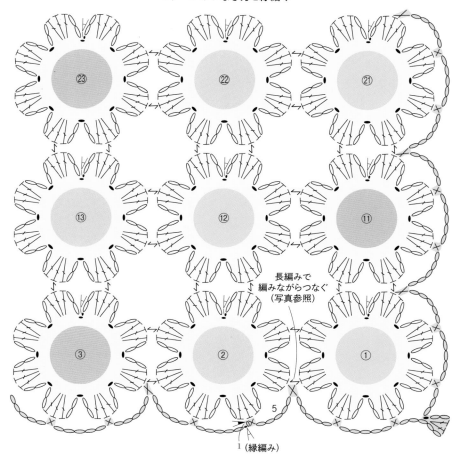

長編みで
編みながらつなぐ
(写真参照)

5

1 (縁編み)

✔=糸をつける

✔=糸を切る

くさり編みを輪にする作り目

1
必要目数

必要目数のくさり
編みを編む

2
1目めに引き抜く

3
立ち上がりのくさり
編みを編む

4
立ち上がり

くさり編みと
糸端を一緒にすくい、
1段めを編む

モチーフの配色と枚数

	A	B	C
1段め	ミントグリーン	マリーゴールドイエロー	キャメル
2、3段め	ナチュラルホワイト	ナチュラルホワイト	ナチュラルホワイト
枚数	35枚	30枚	35枚

モチーフのつなぎ方

1 2枚めの長編みの最後の引き抜く操作
をする前に、1枚めのモチーフの長編
みの頭に針を入れる。

2 針に糸をかけて引き抜く。

3 長編みを編んだところ。中央の長編み
の目がつながる。

ラグランカーディガン

p.**28**

《用意するもの》

糸　ハマナカ ソノモノ アルパカリリー
(40g玉巻) グレー(114)…440g

針　ハマナカアミアミ9号玉付2本棒針

《ゲージ》　メリヤス編み　21目、27段＝
10cm角

《サイズ》　後ろ幅52cm　着丈70cm
ゆき76.5cm

《編み方》　糸は1本どりで編みます。

1　後ろ身ごろは一般的な作り目で110目
作り目し、2目ゴム編みとメリヤス編みで図
のように編みます。

2　前身ごろは前立てえりと続けて同様に
62目作り目し、2目ゴム編みとメリヤス編み
で図のように編みます。

3　そでも同様に54目作り目し、2目ゴム編
み、メリヤス編み、模様編みで編みます。

4　身ごろとそでのラグラン線をとじ合わ
せ、前立てえりを後ろ中央でかぶせ引き抜き
はぎし、そでと後ろえりぐりにとじつけます。

5　わきのスリットあき止まりからそで下を
続けてすくいとじします。

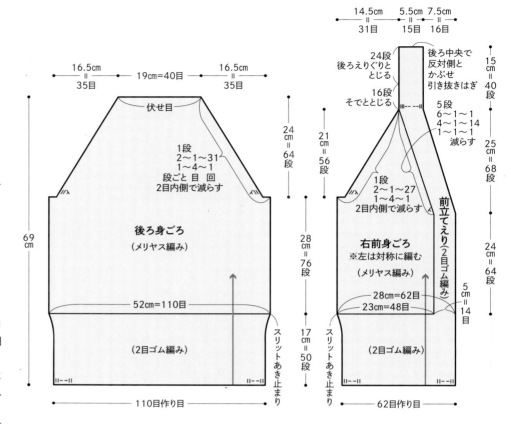

後ろ身ごろ（メリヤス編み）
16.5cm＝35目／19cm＝40目／16.5cm＝35目
69cm　24cm＝64段　28cm＝76段　17cm＝50段
伏せ目
1段　2〜1〜31　1〜4〜1　段ごと 目 回　2目内側で減らす
52cm＝110目
（2目ゴム編み）
110目作り目
スリットあき止まり

右前身ごろ　※左は対称に編む（メリヤス編み）
前立てえり（2目ゴム編み）
14.5cm＝31目／5.5cm＝15目／7.5cm＝16目
15cm＝40段　25cm＝68段　24cm＝64段　5cm＝14目
24段　後ろえりぐりととじる
16段　そでととじる
後ろ中央で反対側とかぶせ引き抜きはぎ
5段　6〜1〜1　4〜1〜14　1〜1〜1　減らす
1段　2〜1〜27　1〜4〜1　2目内側で減らす
28cm＝62目／23cm＝48目
（2目ゴム編み）
62目作り目
スリットあき止まり

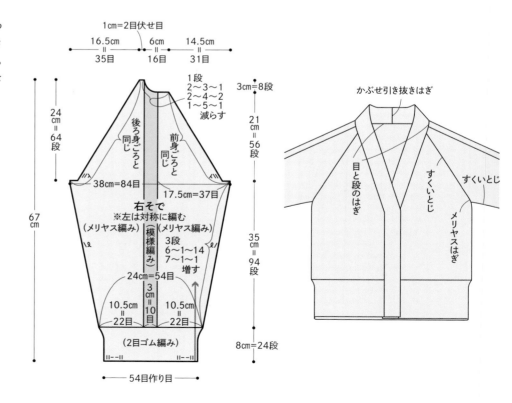

右そで　※左は対称に編む
1cm＝2目伏せ目
16.5cm＝35目／6cm＝16目／14.5cm＝31目
67cm　24cm＝64段　3cm＝8段　21cm＝56段　35cm＝94段　8cm＝24段
1段　2〜3〜1　2〜4〜2　1〜5〜1　減らす
後ろ身ごろと同じ（メリヤス編み）
前身ごろと同じ（メリヤス編み）
（模様編み）
38cm＝84目／17.5cm＝37目
3段　6〜1〜14　7〜1〜1　増す
24cm＝54目
10.5cm＝22目／3cm＝10目／10.5cm＝22目
（2目ゴム編み）
54目作り目

かぶせ引き抜きはぎ
目と段のはぎ
すくいとじ
すくいとじ
メリヤスはぎ

68

後ろラグラン線の減らし方

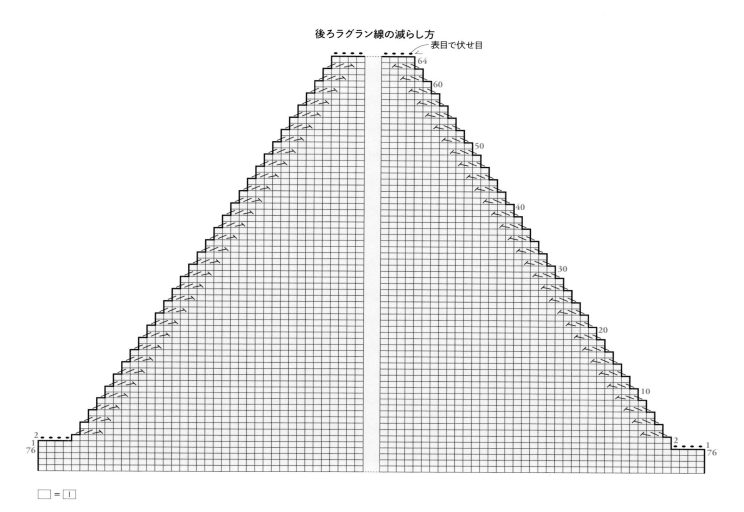

表目で伏せ目

64
60
50
40
30
20
10
2
1
76

2
1
76

□ = |

そでの模様編みと増し方

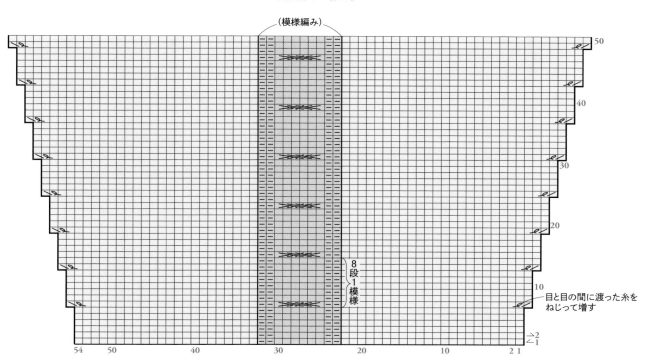

（模様編み）

50
40
30
20
10

8
段
1
模
様

目と目の間に渡った糸を
ねじって増す

54　50　40　30　20　10　2 1

2
1

右前えりぐりとラグラン線の減らし方

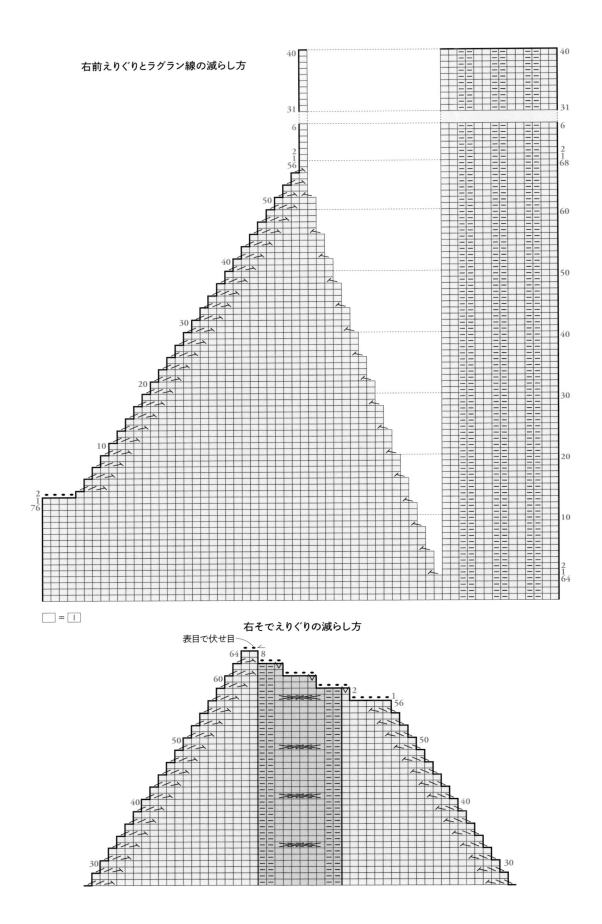

□ = ①

右そでえりぐりの減らし方

表目で伏せ目

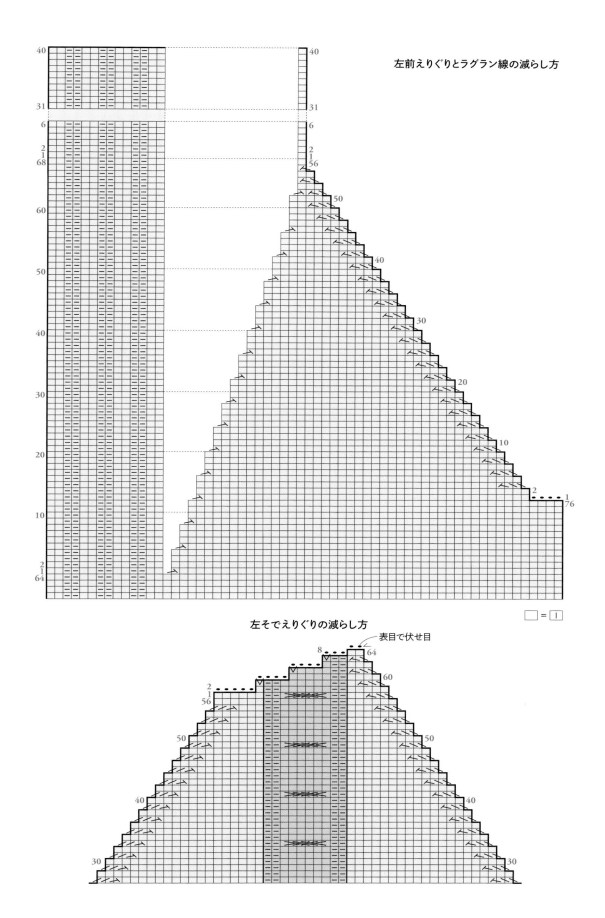

左前えりぐりとラグラン線の減らし方

左そでえりぐりの減らし方

表目で伏せ目

□ = □

くまのあみぐるみ

p.**30**

《用意するもの》

糸　ハマナカメンズクラブマスター(50g玉巻)

<u>左</u>：オフホワイト(1)…45g

<u>右</u>：こげ茶(58)…45g

ハマナカ アメリー(40g玉巻)

<u>左</u>：チャイナブルー(29)…10g

<u>右</u>：レモンイエロー(25)…10g

ナチュラルホワイト(20)…各10g

<u>左右共通</u>：ハマナカ アメリーエフ《合太》

(30g玉巻)ブラック(524)…各少々

針　ハマナカアミアミ 10号、6号短5本棒針

その他　ハマナカ クリスタルアイ 9mm ゴールド(H220-109-8)…各1組

ハマナカ ネオクリーンわたわた(抗菌防臭わた／H405-401)…各30g

《ゲージ》 裏メリヤス編み　15目＝10cm 20段＝9cm

《サイズ》 身長約27cm

《編み方》 糸は1本どりで、マフラー以外はメンズクラブマスターを10号針で編みます。

1 足は一般的な作り目で12目作り目して輪にし、裏メリヤス編みで2本編み、目を休めます。

2 足から拾い目し、胴体と頭を裏メリヤス編みで編み、目を休めておきます。

3 手と耳も一般的な作り目をして輪にし、裏メリヤス編みで編み、目を休めます。手と耳と足の作り目側をメリヤスはぎします。

4 割り箸などを使って、わたを詰めます(耳にはわたを詰めない)。

5 頭頂部をメリヤスはぎではぎ合わせ、手と耳を縫いつけます。

6 目をつけ、鼻と口を刺しゅうします。

7 マフラーは一般的な作り目をして輪にし、メリヤス編みのしま模様で140段編みます。作り目と最終段をそれぞれ巻きかがりではぎ、首に巻きます。

マフラー

巻きかがり

（メリヤス編みのしま模様）6号針

50cm＝140段

巻きかがり

7cm＝16目作り目して輪にする

しまの配色

ナチュラルホワイト　4段

左 チャイナブルー
右 レモンイエロー　4段

8段1模様

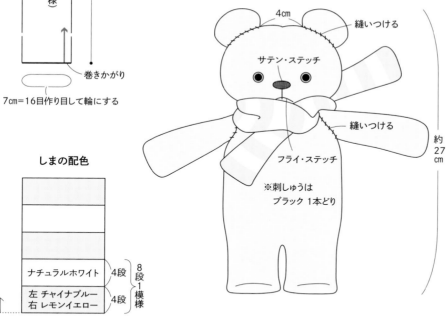

4cm

縫いつける

サテン・ステッチ

縫いつける

フライ・ステッチ

※刺しゅうは
ブラック 1本どり

約27cm

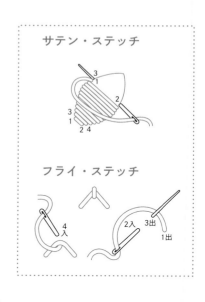

サテン・ステッチ

フライ・ステッチ

巻きかがりはぎ

編み地を外表に合わせ、全目をすくって引き締める

胴体の目の拾い方

8目拾う

胴体拾い始め

16目拾う

8目拾う

右足　左足

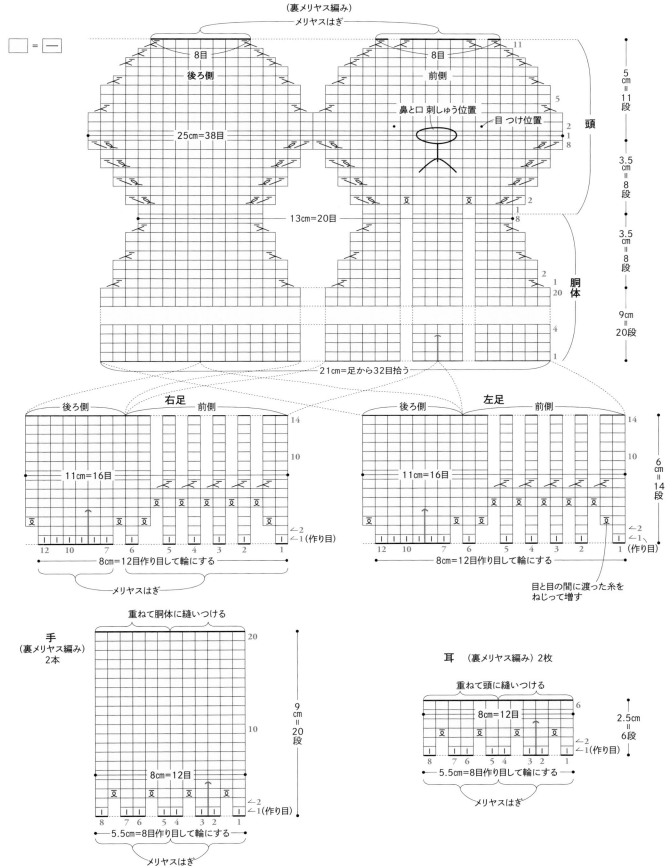

□ = －

（裏メリヤス編み）
メリヤスはぎ

8目
後ろ側

8目
前側

11

鼻と口 刺しゅう位置
目 つけ位置

5

25cm=38目

2
1
8

頭

5
cm
＝
11
段

3.5
cm
＝
8
段

2
1

13cm=20目

1
8

2
1
20

胴
体

3.5
cm
＝
8
段

2

4

9cm
＝
20段

1

21cm=足から32目拾う

後ろ側   右足   前側

14

11cm=16目

10

後ろ側   左足   前側

14

11cm=16目

10

6cm
＝
14
段

←2
←1（作り目）

12 10   7   6   5 4 3 2 1

8cm=12目作り目して輪にする

メリヤスはぎ

←2
←1（作り目）

12 10   7   6   5 4 3 2 1

8cm=12目作り目して輪にする

メリヤスはぎ

目と目の間に渡った糸を
ねじって増す

重ねて胴体に縫いつける

手
（裏メリヤス編み）
2本

20

10

9
cm
＝
20
段

8cm=12目

←2
←1（作り目）

8 7 6 5 4 3 2 1

5.5cm=8目作り目して輪にする

メリヤスはぎ

耳   （裏メリヤス編み）2枚

重ねて頭に縫いつける

8cm=12目

6

2.5cm
＝
6段

←2
←1（作り目）

8   7 6   5 4   3 2   1

5.5cm=8目作り目して輪にする

メリヤスはぎ

73

棒針編みの基礎

［計算の見方］

棒針の製図には、下図のようにそでぐりやえりぐりに減らし目の計算を入れています。数字は以下のように読みます。

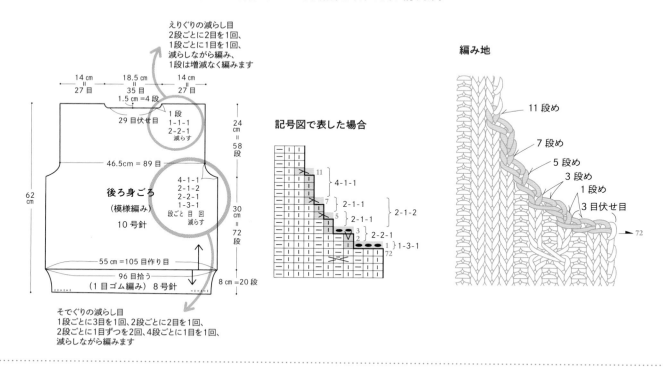

えりぐりの減らし目
2段ごとに2目を1回、
1段ごとに1目を1回、
減らしながら編み、
1段は増減なく編みます

編み地

14 cm
27 目

18.5 cm
35 目

14 cm
27 目

1.5 cm ＝ 4段

1段
1-1-1
2-2-1
減らす

29 目伏せ目

24 cm ＝ 58段

46.5cm ＝ 89目

記号図で表した場合

後ろ身ごろ
（模様編み）
10 号針

4-1-1
2-1-2
2-2-1
1-3-1
段ごと 目 回
減らす

30 cm ＝ 72段

62 cm

55 cm ＝105 目作り目

96 目拾う
（1目ゴム編み）8 号針

8 cm ＝20段

11 段め
7 段め
5 段め
3 段め
1 段め
3 目伏せ目
72

4-1-1
2-1-1
2-1-2
2-1-1
2-2-1
1-3-1
72

そでぐりの減らし目
1段ごとに3目を1回、2段ごとに2目を1回、
2段ごとに1目ずつを2回、4段ごとに1目を1回、
減らしながら編みます

［作り目］

一般的な作り目

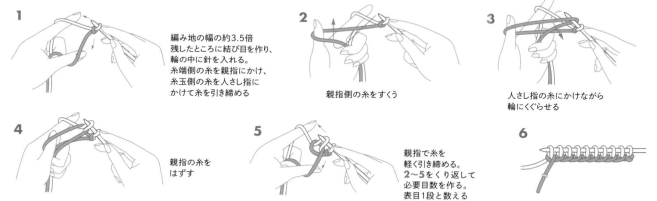

1
編み地の幅の約3.5倍
残したところに結び目を作り、
輪の中に針を入れる。
糸端側の糸を親指にかけ、
糸玉側の糸を人さし指に
かけて糸を引き締める

2
親指側の糸をすくう

3
人さし指の糸にかけながら
輪にくぐらせる

4
親指の糸を
はずす

5
親指で糸を
軽く引き締める。
2～5をくり返して
必要目数を作る。
表目1段と数える

6

［作り目を輪にする方法］

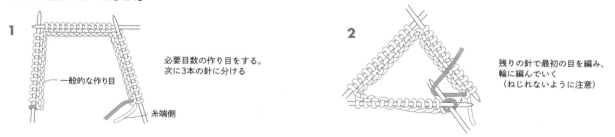

1
一般的な作り目

糸端側

必要目数の作り目をする。
次に3本の針に分ける

2
残りの針で最初の目を編み、
輪に編んでいく
（ねじれないように注意）

[編み目記号と編み方]

編み目記号は編み地の表側から見た、操作記号です。
例外（かけ目・巻き目・引き上げ目）を除き、1段下にその編み目ができます。

表目
|

裏目
—

かけ目
○

ねじり目
Ω

巻き目
ω
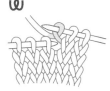

右上2目一度
人

①編まずに右の針に移す
②表目を編む
②に①をかぶせる

左上2目一度
人

2目を一度に編む

すべり目
Ⅴ

目を編まずに右の針に移し編み糸を後ろに渡す
下の段の目が引き上がる

寄せ目
╱

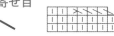

普通に表目で編んだ目が、減らし目または増し目で自然に傾いた目のこと

ねじり目（裏目）
ō

1 針を矢印のように入れる

2 裏目と同様に編む

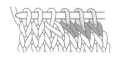

右上2目一度（裏目）
ス

左の針を矢印のように入れ、目を入れかえて2目一度に裏目を編む

左上2目一度（裏目）
ス

2目を一度に編む

右上交差（2目）
╲╳╱ ※目数が異なる場合も同じ要領で編む

1 別の針に2目とって手前側におき、次の2目を表目で編む

2 別の針の目を表目で編む

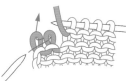

左上交差（2目）
╲╳╱ ※目数が異なる場合も同じ要領で編む

1 別の針に2目とって向こう側におき、次の2目を表目で編む

2 別の針の目を表目で編む

[増し方]

ねじり目で増す方法

右側 Ω

1 1目めと2目めの間の渡り糸を右の針ですくう

2 ねじり目で編む

3

左側 Ω

1 左端の目ととなりの目の間の渡り糸を左の針ですくう

2 ねじり目で編む

3

伏せ目
●

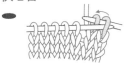

2目編み、2目めに1目めをかぶせる。次からは1目編み、右の目をかぶせる。裏目のときは裏目で伏せ止める

裏編みの記号の表し方

裏編みの記号は、記号の上に「—」がつきます

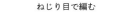

75

[減らし方]

端で1目減らす方法

右側

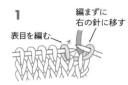

1　表目を編む　編まずに右の針に移す

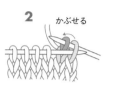

2　かぶせる

3

裏側で減らす場合

左の針を矢印のように入れ、目を入れかえて編む

左側

1　左端の2目を一度にすくう

2　2目を一度に編む

3

裏側で減らす場合

2目を一度に編む

端で2目以上減らす方法

右側

なめらかなカーブにする減らし方

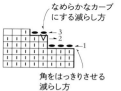

角をはっきりさせる減らし方

1　1段め　表目を2目編む

2　1目めをかぶせる

3　次の目を編み、右の目をかぶせる

4　**3**をくり返す

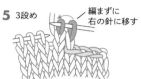

5　3段め　編まずに右の針に移す
1目めは編まずに右の針に移す。2目めを編んで右の目をかぶせる

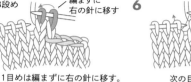

6　次の目を編む

7　右の目をかぶせる

8　なめらかなカーブ　角がはっきりする

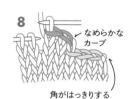

端で2目以上減らす方法

左側

なめらかなカーブにする減らし方

角をはっきりさせる減らし方

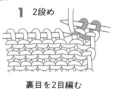

1　2段め　裏目を2目編む

2　1目めをかぶせる

3　次の目を編み、右の目をかぶせる

4　**3**をくり返す

5　4段め　編まずに右の針に移す
1目めは編まずに右の針に移す。2目めを編んで右の目をかぶせる

6　かぶせる　次の目を編み、右の目をかぶせる

7

8　表側　なめらかなカーブ　角がはっきりする

[ボンボンの作り方]

1　でき上がりの直径＋0.5cm　厚紙に指定の回数巻く

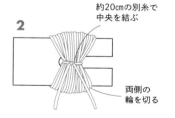

2　約20cmの別糸で中央を結ぶ　両側の輪を切る

3　ハサミで形よく切りそろえる

[編み込み模様の編み方]

裏に糸を渡す方法

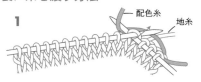

配色糸を入れる段は、端の目を編むときに
地糸に配色糸をはさみ込んでおくとよい。
地糸を下にして配色糸で1目編む

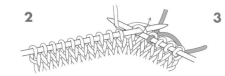

配色糸を上にして休ませ、地糸で編む

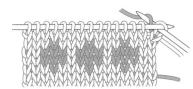

糸をゆるめに渡し、編み地が
つれないように注意する

[とじ、はぎ]

かぶせ引き抜きはぎ
編み地を中表に合わせ、かぎ針で向こう側の目を引き抜いてから引き抜き編みではぎます。

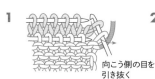

向こう側の目を
引き抜く

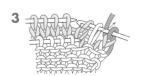

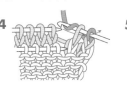

メリヤスはぎ （両側が針にかかっている場合）

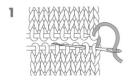

編み地をつき合わせ、表側から
手前側の目に針を入れる

向こう側の目に針を入れ、
目を作りながらはぎ合わせる

（片側が作り目の場合）

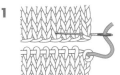

編み終わりの編み地

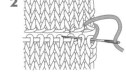

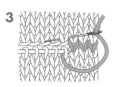

（両方の目が伏せ止めしてある場合）

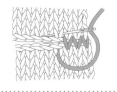

裏メリヤスはぎ

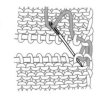

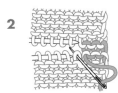

手前側と向こう側の目に針を入れ、
目を作りながらはぎ合わせる

目と段のはぎ
普通ははぎ合わせる段数が目数より多いので、その差を等間隔に振り分け、
ところどころで1目に対して2段すくいながら、平均的にはぎ合わせる。

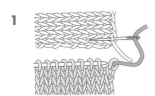

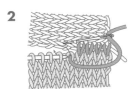

すくいとじ
残りの糸で、すそやそで口からとじ合わせます。

2本すくう

[別糸の編み込み方と目の拾い方]

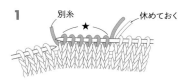

別糸
休めておく

指定の位置の手前で編んでいた糸を
休め、別糸で指定の目数（★）を編む

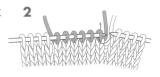

別糸で編んだ目を左の針に移し、
別糸の上から続きを編む

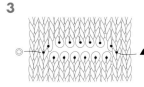

別糸をほどき、
上下から指定の目数を
3本の針に分けて拾う。
◎と▲からもねじって拾う

77

かぎ針編みの基礎

[編み目記号]

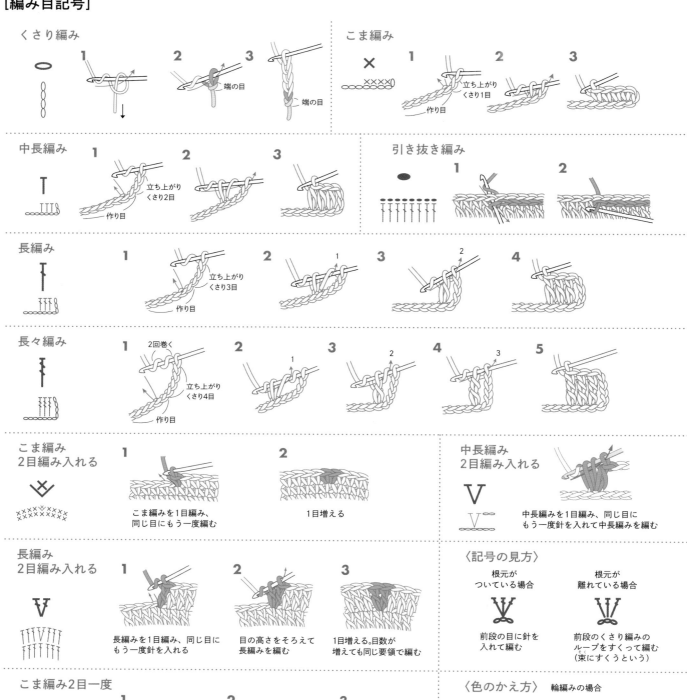

くさり編み

こま編み

中長編み　立ち上がり　くさり2目　作り目

引き抜き編み

長編み　立ち上がり　くさり3目　作り目

長々編み　2回巻く　立ち上がり　くさり4目　作り目

こま編み 2目編み入れる

こま編みを1目編み、同じ目にもう一度編む

1目増える

中長編み 2目編み入れる

中長編みを1目編み、同じ目にもう一度針を入れて中長編みを編む

長編み 2目編み入れる

長編みを1目編み、同じ目にもう一度針を入れる

目の高さをそろえて長編みを編む

1目増える。目数が増えても同じ要領で編む

〈記号の見方〉

根元がついている場合

前段の目に針を入れて編む

根元が離れている場合

前段のくさり編みのループをすくって編む（束にすくうという）

こま編み2目一度

1目めの糸を引き出し、続けて次の目から糸を引き出す

針に糸をかけ、針にかかっているすべてのループを一度に引き抜く

こま編み2目が1目になる

〈色のかえ方〉 輪編みの場合

色をかえる手前の最後の目を引き抜くときに、新しい糸にかえて編む

長編み2目一度

1 長編みの途中まで編み、次の目に針を入れて糸を引き出す

2 長編みの途中まで編む

3 2目の高さをそろえ、一度に引き抜く

4 長編み2目が1目になる。目数が増えても同じ要領で編む

中長編み 2目一度

「長編み2目一度」の要領で、中長編みを2目一度に編む

中長編み3目の玉編み

1 針に糸をかけ、矢印のように針を入れ、糸を引き出す（未完成の中長編み）

2 同じ目に未完成の中長編みを編む

3 同じ目に未完成の中長編みをもう1目編み、3目の高さをそろえ、一度に引き抜く

4 ※目数が異なる場合も同じ要領で編む

長編み3目の玉編み

1 未完成の長編みを3目編む（図は1目め）

2 針に糸をかけ、一度に引き抜く

3 くさり3目

こま編み 裏引き上げ編み

1 前段の足の裏側から針を入れてすくう

2 針に糸をかけて矢印のように編み地の向こう側に引き出す

3 少し長めに糸を引き出し、こま編みと同じ要領で編む

4 でき上がり

くさり3目のピコット

1 くさり3目
くさり編みを3目編む。矢印のようにこま編みの頭1本と足の糸1本をすくう

2 針に糸をかけ、全部の糸を一度にきつめに引き抜く

3 でき上がり。次の目にこま編みを編む

［作り目］

糸端を輪にする作り目

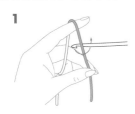

1

2

3 針に糸をかけ、矢印のように糸を引き出す

4 立ち上がりのくさり編みを編む

5 輪の中に編み入れる

6

7 糸端の糸も一緒に編みくるむ

8 きつく引く
必要目数を編み入れ、糸端を引き締める。1目めに矢印のように針を入れる

9 針に糸をかけ、引き抜く

10

作品デザイン	青木恵理子　宇野千尋　遠藤ひろみ
	風工房　かんのなおみ　木下あゆみ
	サイチカ　marshell　ミドリノクマ　橋本真由子
ブックデザイン	わたなべひろこ（Hiroko Book Design）
撮影	滝沢育絵（カバー、p.1-31）
	中辻 渉（プロセス）
スタイリング	鍵山奈美
ヘアメイク	斎藤紅葉
モデル	Lilly
トレース	沼本康代　白くま工房
編集協力	金井扶佐子　善方信子　渡辺道子
編集	小出かがり（リトルバード）
編集デスク	朝日新聞出版 生活・文化編集部（森 香織）

家（いえ）で編（あ）みもの
あったか雑貨（ざっか）とホームウェア

編　著	朝日新聞出版
発行人	橋田真琴
発行所	朝日新聞出版
	〒 104-8011　東京都中央区築地 5-3-2
	TEL.（03）5541-8996（編集）
	（03）5540-7793（販売）
印刷所	図書印刷株式会社

©2021 Asahi Shimbun Publications Inc.
Published in Japan by Asahi Shimbun Publications Inc.
ISBN 978-4-02-334042-8

定価はカバーに表示してあります。
落丁・乱丁の場合は弊社業務部（TEL. 03-5540-7800）へご連絡ください。
送料弊社負担にてお取り替えいたします。

● 衣装協力

エイチ・プロダクト・デイリーウエア
Tel.03-6427-8867
（ p.3、9、13 の T シャツ　p.8 と 31 のワンピース
　p.17 のパンツ　p.21 と 22 の T シャツ
　p.24 と 29 のプルオーバー／ハンズ オブ クリエイション）
（p.5 のパンツ／ウーヴェル）

グラストンベリーショールーム
Tel.03-6231-0213
（ p.3、6、9、18 のスカート／ヤーモ）
（ p.24 と 29 のオーバーオール／ホールドファスト）

ブリンク ベース
Tel.03-3401-2835
（ メガネ／カーニー、エナロイド）

● プロップ協力
AWABEES
TITLES
UTUWA

● 糸と材料
ハマナカ株式会社
〒 616-8585　京都市右京区花園薮ノ下町 2 番地の 3
Fax. 075-463-5159
http://www.hamanaka.co.jp
info@hamanaka.co.jp